ユースティルネス

何もしない静寂が、すべてを調和する！

How learning to let go will get you where you want to go

Dr. Frank J. Kinslow
フランク・キンズロー著
鐘山まき訳

When Nothing Works Try Doing Nothing

ナチュラルスピリット

WHEN NOTHING WORKS, TRY DOING NOTHING
by Frank J. Kinslow

Japanese translation published by arrangement with Lucid Sea Inc.
through The English Agency (Japan) Ltd.

ジョージ・ランドとベス・ジャーマンへ
支えと導き、そして何よりインスピレーションを与えてくれたことに
妻マルティナへ
この本を執筆する後押しをしてくれたことに
——そして何といっても彼女の笑顔に——
仲間達
ディック・ビスビング、ディック・ハリス、そしてロン・トリエーへ
55年間の友情に
感謝して捧げます。

まえがき

新しい読者のみなさんへ

これまで私の著書になじみがなくても、今、手に取っている本はあなたのための本です。きっと楽しんで読んでいただけると思います。

本の中で科学的な研究の論理を引用していますが、親しみやすくシンプルな言葉で説明し、たくさんの比喩やエピソードを使ってわかりやすく紹介していますので、どうか心配しないでください。

あなたがこの本で学ぶテクニックは、簡単ですぐに効果が現れます。そして、科学的で再現性があります。順番にステップを踏むだけで効果がありますが、決してテクニックがドライで精彩に欠けているというわけではありません。どちらかというとその逆で、あなたはこの本で学ぶテクニックを爽快に感じることでしょう。インスピレーションを受けとるかもしれません。

多くの自己啓発系の本は、「人生を変える」知識が本の中にあると自負しています。私たちはこういった宣言を、ダイエットやエクササイズ、経済や人間関係についての本、代替医療の本の帯でよく見かけます。確かにそれは正しいのです。体重が減ったり、人間関係が改善すれば、人生はなんらかの形で「変わる」からです。

ただ、私は、そう宣言することにためらわずにはいられません。なぜなら「人生を変える」というフレーズは乱用され、ときには悪用されているからです。

この本は、人間関係、経済、健康、精神性など特定のことに言及しているわけではありません。この本から得られた理解とシンプルなテクニックに取り組むことで得られる体験は、精神的なことから経済的なこと、心から身体、自分という感覚から世界的なコミュニティーへとあなたの人生の基準すべてを変えていきます。

私がこう言えるのは、あなたの「一部だけ」に焦点を当てていないからです。この本は、あなたという「全体性」とは何か、どのようにしてその全体性に瞬時にアクセスし、どのようにその全体性をあなたというすべての側面に導けばよいかを紹介しています。

この本のすべてを一つのユニットとして捉えてください。一つひとつの章は前の章の上に成り立ち、一つひとつの体験が前の体験の上に成り立ちます。知識には二つの要素があります。それは「理解」と「体験」です。理解だけで体験がともなわない知識には何の価値もありません。体験することで理解が深まり、深まった理解がさらに深い体験を呼び起こす、というように続いていくのです。

一つの章を読み終わるたびに、あなたとは誰なのか、あなたの本質とは何なのかという知識が深まり、広がっていきます。

あなたは、まず最初に、シンプルな「何も考えない」という体験をし、その体験はあなたの思考を超えたところに何があるかを見せてくれるでしょう。これを知覚するにはほんの数秒しかかかりませんし、すぐに身体と心でその効果を感じられるでしょう。

そして、この小さな本の最終ページをめくる頃には、なぜ人類がこうも破壊的になってしまい、なぜ苦しみがこんなにも当たり前に存在するのかを知るでしょう。あなたがいったい誰であり、どこにいて、どこに向かう必要があり、どうやってそこにたどり着けばいいのかも理解するでしょう。そしてこれらはなにも私がそう言ったからわかるのではなく、自分自身の生きた体験により自然に理解できるようになるのです。

どうか飛ばし読みをするのではなく、一つひとつのページを順番に読み、次に進む前に一つひとつの体験を練習してください。作業として捉えるのではなく、遊びとして捉えてください。冒険の精神で、この本を読んでください。気楽にかまえ、体験することに時間を取りましょう。読み進めながら同時に前におこなった練習を続け、次の体験に移りましょう。

最後から二番目の「第15章　完全な人になるために　ユースティルネスと過ごす90日」では、学んだことを日常に組み込んでいく方法が書かれています。ぜひ90日間のユースティルネス・プログラムを楽しんでください。労力がほとんど必要ないのにもかかわらず、90日後には自分の人生がどれだけ変化しているかにきっと驚くでしょう。今までの人生で、いったい何回の90日という期間を過ごしてきましたか？　あと一回の90日間が、あなたの健康、幸せ、成功にとってどんな意味をもたらすかを考えてみてください。

この本には私の意識が投影されています。あなたのために執筆し、あなたに直接語りかけていることを感じてほしいのです。

この本は「ユースティルネス（EuStillness）」の中で執筆しました。ユースティルネスとはもうすぐあなたが学ぶ高い調和の状態です。この教えは伝統的なものではありません。哲学、事実、逸話の寄せ集めでもありません。本質的に、この本で学ぶことはあなたの外側からやってくるものでもありません。ほんの少しの導きで、この知識はずっとあなたの中にあり、あなたによって発見され、光の中へと引き出されるのを待っていたことを知るでしょう。

もしあなたが、この本を読み進めていくうちに内なる静けさや心地よさを感じるのであれば、この本はもうただの印刷された紙ではなく、教えが生命力をもち、形となり始めています。時間と少しのトレーニングとともに、あなたは人生のすべては、あなたという全体性を生き生きと具現化したものであることがわかるでしょう。

私の著書に親しんでいるみなさんへ

もしあなたが、私が執筆した著書をご存じであれば、この本『ユースティルネス——何もしない静寂が、すべてを調和する！』に親しみと同時に革新的なものも感じるでしょう。

努力せず「何もしない」という哲学はこの本の中で随所に見られます。この本ではユースティルネスの科学と技法に重きを置いています。もしあなたがクォンタム・エントレインメント（Quantum Entrainment=ＱＥ）を実践しているのであれば、ＱＥをユースティルネスに置き換えることができます。この簡単なシフトがあなたの実践に深みを与え、ＱＥの効果を促進し増大させます。

この本にあるすべてのテクニックは新しいオリジナルのものです。きっとすべてのテクニックを楽しんでいただけると思いますし、それがどれだけの明快さと深さをあなたの実践にもたらすかに驚いてもらえると思います。

あなたが「物ごとを成すには何もしないこと」「何も努力しないことがダイナミックな活動の土台だ」というアイデアの初心者でも、多くの奇跡を知るベテランでも、これだけは保証します——この本を読み、指示に従えば、あなただけでなく、あなたの身体、心、精神に深い影響を与え、あなたの家族、友人、あなたを支えてくれる人たち、反対する人たち、見ず知らずの人々、ペット、植物に調和と癒しを与えることができます。

まあ、そんな感じです。はじめての読者でも、長年のＱＥ実践者でも、きっとこの本はずっと考えていた深い神秘の謎を解き明かしてくれることでしょう。私はこの内なる知識に深い情熱を感じ、それを早くあなたと分かち合いたくてたまりません。

この本の最終ページにたどり着くとき、あなたもきっと私と同じ情熱を味わっているに違いないと信じています。

フロリダ州サラソタにて

フランク・キンズロー

ユースティルネス　目次

第1章 ❦「無」の技法

何もせずに過ごし、それから休息するのは
なんと美しいことだろう。
スペインのことわざ

あなたが、もっとも望んだ願いを叶え、自然に導かれた愛すべき仕事をしている姿を思い浮かべてみてください。その仕事はあなたの才能と興味にぴったりと合っていて、あなたを疲れさせるどころかより生き生きとさせてくれます。時間はあっという間に過ぎ、創造力はきらめく花火のようにあなたの中で輝いています。あなたはのびのびとしていて、仕事に誇りをもち、壮大な計画に貢献し、その計画の一部であると感じています。あなたは完全です。自分の才能と興味に嘘をつかない本質的な生き方をして、自分と、そして周囲の環境と一体化しています。

では一歩引いて、あなたと同じような人たちがいる都市を見下ろしているとします。それぞれが壮大な計画において、すばらしく、そして実りの多い存在です。意識的に努力をすることもなく、それぞれの魂が無私無欲の目的でお互いを喜んで支え合っています。

葛藤や対立は存在していても、それらは豊かな創造力、歓びと遊び心で解決されています。歪んだ感情や常識はずれな行動は存在しません。そこには個別の心《マインド》、方法論、利己的な行動や計画はもうありません。都市そのものがひとつの存在なのです。それは生きていて、完全で、一部をかき集めてできたものではなく、そこに暮らすものの満足感と創造性を鮮明に映し出しています。

ではさらに一歩引いて静かに力強く回転している青い球体、地球を見下ろしているとします。あらゆる国、都市、そして人々が自然と完璧に調和して生きていることをあなたは知っています。私たちはみなこのようなユートピアのビジョンを内面にもっているのです。このビジョンは、私たちがこの世界に生まれてきた瞬間、燃えるような生命力を肺に吸い込んだときからともにありました。

そして幼い頃、限界を教えられる前にも、このビジョンはありました。成長するにつれ、やがてそれは内なる迷路の暗闇の奥深くに閉じ込められ、置いてきぼりにされてしまいました。私たちは自らその暗闇の中で、生命力にあふれた夢を鎖で縛りつけてしまうのです。しかし、たった一筋の太陽の光が暗闇を照らし、深く閉じ込められた夢を私たちにまた思い出させてくれます。

これがこの本で学ぶ内容です。あなたは自分の中にすでにある太陽の光を見つけることができるでしょう。これは努力して学ばなければ身につかないものではなく、トレーニングすることも、どこかに行く必要もありません。その光を見るために必要なものはもうすべてもっているのです。ただ太陽のほうに顔を向けるだけで、眠っていた遠い記憶は再び生きる現実になり始めます。

私たちはたくさんの可能性を秘めています。そう思いませんか？　では私たちはどんなことができるのでしょう。月に立つ、ピラミッドを造る、空気より重い飛行機の発明など、私たちは地球で共存しているほかのどの種よりも驚異的な進化を遂げてきました。そして今なお、あらゆる面で成長し、怒涛の進化を続けているのです。この１００年で私たちがどれだけのことを成し遂げたかを見てみてみましょう。

もし20世紀初頭のアメリカを訪ねたとしたら、人々が炭や薪で暖をとり、明かりはロウソクやガス、移動手段は徒歩か馬、毎朝寝室用便器にたまったものを屋外便器に捨てるという暮らしを目のあたりにすることでしょう。貧困、文盲、社会的偏見や不正、そして宗教的な不寛容は当たり前にありましたが、こういった事がらはめざましい変化を遂げました。そうしてアメリカは典型的なサクセスストーリーを歩んできましたが、決してハッピーエンドに向かっているようには見えません。

この本はアメリカだけではなく、この地球上のすべての国、すべての人種、すべての精神性、教養的背景、経済的状況、そしてあらゆる健康状態の人たちがハッピーエンドを迎えるための本です。壮大すぎるのはわかっています。でももしこれを本当に証明できたら？　あなただけのユートピアを実現できるというチャンスがここにあるとしたら、この小さな本を読む時間を割くに値しますか？　もし私が間違っていたら、最低でも頭のおかしい人の戯れ言だと大笑いすることはできます。でも私がもし正しかったら……。

私たちは、ビジョン、想像力そして善意をもち合わせています。私たちは狩猟採集時代からの長い道のりを歩んできて、さらに成長し続けているのです。しかしこの圧倒的な進歩にもかかわらず、私たちは決して十分に満足しているようには見えません。満足感という部門では底を打ったようにさえ見えます。私たちが本当にやろうとしていることは何なのでしょう？　私たちが目指す最終段階とは何なのでしょう？　最終的にたどり着く場所で私たちは何を手に入れ、何になっているのでしょう？

私たちは「生存する」ということがどういうことかわかっています。今の文章を訂正させてください。私たちは基本的な生存の専門家です。住まいや食糧の確保、そして生殖は当たり前にできます。誤解しないでください。命の息吹が脅かされるような貧困や紛争が日常的にある地域はあります。しかしそれは、その土地特有の事情がもたらす結果であり、解決するノウハウが不足しているというわけではありません。私たちは生き残ることに関して精通していますが、おかしなことに私たち人間という種としての生存は疑わしいのです。それは私たちがより壮大な〝良きこと〟のために存在するからなのです。

感じませんか？　あなたは基本的でとても原始的な何かが欠けていると感じませんか？「人生ってこんなものなの？」と自問したことはありませんか？　静かに内観する際にこの疑問が聞こえたことがあるかもしれません。

しかし、ドアを開け、もっと大きく、さらに良いものを求めて買いに出かけたり、同情してくれる人を探しに行こうとして、その疑問を踏みつけ、気晴らしにインターネットに過剰にふける道を選び、この悩ましい疑問が再び湧き出てくるのを止めているのです。私たちはどこからこんな疑問が生まれたのかがわからないので居心地が悪くなります。そして何より疑問を満足させる答えがわからないのです。しかし、このいやな感じの原因を突き止めることが、私たちの心の健康だけでなく、種の生存のためにとても重要なのです。

私たちがこの本の中で一緒に過ごす短い間に、今の不安定な状態に革新的な視点をもたらし、そしてなぜ私たちは無限の可能性があるにもかかわらず、危機的な破壊の海に沈んでいくのか、その理由をはっきりと定義していきます。

この新しい視点の一部は、既存する研究や理論を再アレンジしてつくりだされました。これは、より深い意味の言葉を生み出すために、従来の言葉の文字を並べ変えるようなものです。たとえば、「犬」という単語を読んだとき、すぐに毛むくじゃらで四つ足で、しっぽを振り、喜びをシンプルに一緒に共有してくれる友人のイメージが心に浮かぶでしょう。では、犬のスペル「d-o-g」を神のスペル「g-o-d」に並べ替えたとき――あなたは人生でもっとも深遠な謎に直面するでしょう。

知識は、その理解が体験によって支えられている場合にのみ完全なものとなります。私はあなたにこの両方を提供します。間違っていることを理解しても、修正する方法を学ばないかぎり、その理解にはほとんど価値がありません。簡単で自然で、すぐに結果が出る方法を発見したということにワクワクします。どんな結果？　そう聞いていただき、うれしいです。あなたは、心をネガティブな感情や思考から自由にさせる方法を見つけたのです。では、ほかのポジティブ思考、反批判システムと一緒のくくりにする前にぜひ聞いてください。

私があなたに提供するものは唯一無二なものです。従来のポジティブ思考のシステムでは、その、えっと…ポジティブに考える必要があります。そのようなシステムでは、ポジティブなことを考えたらポジティブなことが起こると言われています。ほとんどの人は、このアプローチを継続させるために大変な努力と時間を要するうえに、やがて失敗する確率が高いことに気づきます。

実際に、最近の神経学的研究では、ポジティブな精神状態はつくられた幸せで得られるものではなく、個人の本来の自然な性質によるものが大きいと示唆されています。ポジティブ思考は個人の精神生理学的構造においては効果の「持続性」がほとんどないのです。

私が発見したプロセスでは、ポジティブな結果を想像したり、ポジティブな思考をしたり、またはポジティブな感情をわざわざ生み出す必要はありません。信念や信仰、または特異な才能やスキルも必要としません。また、詳細な未来のユートピアを創造するためにアファメーションや意図や鮮明なイメージも必要としません。これらの努力のすべてはあなたの心の中でおこなわれることです。自分自身を修正することに苦しんで行き詰まっている心にそれを求めるのは、まるでキツネにニワトリ小屋を守らせるようなものです。そのようなやり方では、私たちがこうあるべきと思う方向にはなかなかたどり着きません。壊れた心を直すには、心を超えていく必要があります。最初にこの方法をお伝えしたいと思います。

この本を読み進めていくにつれ湧きあがる内なる概念や体験に、優しく接してください。概念のいくつかは、あなたにとって新鮮なものかもしれません。ただそれらをあなたの心の奥の棚にそっと置いておいてください。すぐにすべてを理解しようと自分にプレッシャーを与えたり、苦しむことはしないでください。体験がその隙間を埋めてくれます。

体験は、シンプルで歓迎されているという感覚を自然にもたらします。あなたが体験することが、あなたが学ぶ概念をサポートしてくれます。信仰や信念は必要ではありません。ただ必要なのは、指示に従うことです。そしてそれを検証する際には、あなた自身の体験に頼ることです。一見難解な性質にもかかわらず、あなたが学ぼうとしていることは科学的で再現可能なものです。私はあなたが早く学びたいと熱望しているのと同じくらい、この驚くべきテクニックを早くあなたに伝えたいと思っています。

それでは、次の章で最初のステップを始めましょう。あなたがこのテクニックを学び、自分で練習を開始したあと、テクニックの背後にある科学を紹介します。それから〝悟りの科学〟とは何なのか、それはどのように作用するのかについて見ていきます。科学者がどのように語っているのかを検証し、実際に悟っている人たちについても検討していくことで、あなたも同じ体験をしたときにそれを認識できるようになります。そして一緒に完全な人であるということはどういう意味なのかを探っていきましょう。

きっとこの本を楽しんでもらえると思います。シンプルでありながら深遠なメッセージを、この本はあなたに与えるはずです。この本を読み終えた頃には、あなたは今のあなたのままで完全だと知り、あなたは身近な目につくところに隠れていた秘密を発見し、間違った方向を見ていたから悩んでいたのだと気づくでしょう。それはまるで山の斜面の方を向いて岬の上に立っていたかのようです。私はただあなたに振り向いてくださいと語るだけです。

この新しい視点、気高い極みは、あなたのビジョンを大きな可能性と潜在的な力へと開きます。徐々にあなたの人生の謎は明らかになってきます。あなたはシンプルさに感嘆し、混乱が理解に、狼狽が喜びに変わるたびに、今も、これからもあなたのままでいいということを知り、大きな満足を得るでしょう。

このお花畑のような話は、いったい日常の実践と実用化において何の意味があるのでしょうか？

この本を読み終えた頃に、あなたは以下のようなことがいくつかできるようになっています。

- 成功をもっと楽しみ、さらにあなたの成功を楽しめるようになる。
- 自分や他人を数分で癒せるようになる。
- 今、自分がどこにいて、どこに行くべきか、どうやってそこに行くのかを発見できる。
- 自分自身を見つけ、愛せるようになる。
- 正しい決断ができるようになる。
- ポジティブシンキングのネガティブな影響がわかるようになる。
- 自分自身を愛し、その愛を他人の中に見い出せるようになる。

・〝悟り〟とはどういう意味なのかわかるようになる。
・「ユースティルネスと過ごす90日プログラム」を始めることで、不調和を減らし、成功を増やせるようになる。
・楽しめる！

第1章のポイント

- 私たち人間は、ビジョン、想像力、善意をもっているが、決して満足していない。
- 何か原始的なものが私たちの人生には欠けている。
- 知識は「理解」と「体験」に支えられた場合のみ完全なものとなる。
- 従来のポジティブシンキングは多大な努力を必要とし、失敗する確率も高い。
- 壊れた心《マインド》を直すには心から一歩出なければならない。
- あなたは今のままで完全である。

第2章 〝何もしない〟ほうがよい理由

何をやってもまったくだめでした。そして私は気づいたのです。
何もしないほうがいいのだと！

フランク・キンズロー

自分自身の言葉を引用するなんて少々自己陶酔的かもしれませんが、私が最初にこの事実に気づいたとき、この発見のもつ意味に圧倒されてしまいました。

このシンプルな啓示は、世界中の何千人という人の苦しみを軽減させ、生活の質を向上させる革命を引き起こしました。だからこそ私たちは今こうして一緒にこの時間を過ごしており、私はこの見解をただあなたに伝えたいと思っています。

ここではあなたの心ではなく、あなたの**意識**に頼ります。あなたに意識はあるのでしょうか？ もちろんです。でなければ、そもそもこの本を読んでいないでしょう。意識はポジティブな感情のようにわざわざつくりだす必要はありません。そうでしょう？　あなたは日中、起きている間、努力することなく当たり前のように起きていることに気づいています。日常の当たり前の意識、これが私たちの出発点です。

そして、苦しみをなくし、成功を増やす驚くべきレシピの次の材料は**知覚**です。意識は知覚によって満たされます。知覚は視覚、味覚、触覚、嗅覚、聴覚という感覚を通してやってきます。花を見るとき、花のイメージはまず網膜へと送られます。網膜で知覚された花は、電気インパルスに変換され脳へと送られます。すると脳は、その電気インパルスを花のイメージへと変換します。イメージになるまでのすべての過程は自動的に、かつ瞬時に起こります。

この例ではあなたは花を見ていますが、意識はしていません。あなたは花が存在しているということを知りません。もし目がカメラだとしたら、知覚することは写真の撮影手順と同じです。カメラはレンズを通して花のイメージを取り込み、メモリーカードに記録します。意識は全体の手順を可能にする光源になります。光がなければ花というイメージは存在せず、花を知覚することはできません。つまりあなたにとって花は存在しないことになるのです。

意識にはあらゆる状態があります。機敏であったり、疲れていたり、注意散漫であったり、ボーッとしているなどです。もし意識を光として考えるなら、あらゆる意識の状態を異なる光の明度や強度として表すことができます。

たとえば、〝「光／意識」測定器〟で測ると一番明るい光は10だとしましょう。すると0から10の測定レベルでは、日常の一般的な意識は4から5あたりに表示されるでしょう。これは曇りの日に屋外で写真撮影をするのと似ています。疲労している場合は、程度にもよりますが意識の状態のレベルは2または3でしょう。これは、日没直後の夕暮れ時に撮影をするのに似ています。アルコールや抑制剤などを使用していれば0から2の間で表示されるでしょう。これは夜間に撮影をしているようなものです。カフェインのような刺激は一時的に意識レベルを6から7へと押し上げることはできますが、その後、疲労が戻り、2から3で表示されます。これは、フラッシュをたいて撮影したあと、バッテリーを充電しなければならないとの似ています。

この発見は〝もっとも純粋な気づき（Purest Awareness）〟――意識測定器で10を示す気づき――を知覚するための方法です。もっとも純粋な気づきとは完璧な条件のもと、晴れた日に写真を撮るようなものです。私たちが純粋な気づきを通して何かを知覚するとき、それはもっとも真実味にあふれ、鮮やかな人生を私たちに与えてくれます。もっとも純粋な気づきは、はっきりと人生を見るのに悪戦苦闘している状態から私たちを自由にし、私たちが生きているこの世界に感謝できる最高の機会を与えてくれます。

では純粋な気づきとは何でしょう？　純粋な気づきとは「無」です！　しかし少なくとも、あなたの心にとって純粋な気づきなど存在しません。なぜなら純粋な気づきには形がないからです。

先ほどの晴れた日の撮影の例のように、純粋な気づきはどこにでもあるものですが、私たちがふだんそれに気づくことは基本的にはありません。実際に光そのものを見ることもできません。私たちは光を通して物を見ますよね？　光があることにより、光が照らす対象物を見ることができますが、光そのものは見えません。純粋な気づきもまた同様なのです。

体験してみよう
無のテクニック

ちょっとひと休みして、純粋な気づきの体験を一緒に楽しんでみませんか？

では、数分の間、誰にも邪魔されない場所で心地よく座ってください。座れましたか？　次の指示を録音してもいいですし、指示を誰かに読んでもらってもけっこうです。一つの文章ごとに4秒から5秒停止してください。または、キンズローシステムのサイト（www.kinslowsystem.com/learn.html）内にあるQEストアのオーディオセクションから私が誘導する「無のテクニック」をダウンロードすることも可能です。

もしくは、指示を最後まで何度か読んで頭に記憶させてもいいでしょう。では始めます。

無のテクニック

それでは目を閉じて心を好きなようにさまよわせます。

次に自分が何を考えているのか意識します。何を思うかは重要ではありません。ただ思考がそこにあることに気づいてください。映画を見るように楽に思考を眺めてください。

次に、楽にその思考の先を見つめると、そこには何もないことに気づきます。心地よいと感じている間は、そこに何もないことに気づき続けます。思考が戻ってきたらただそれを眺めて、また思考の先、もしくは思考と思考の隙間を見つめます。これを2分から3分続けてください。

まずどのような感じがするかに気づいてください。身体はよりリラックスしていますか？　心はより静かになりましたか？

たった数分であなたは〝何もしない（無為）〟の恩恵を受け取ることができたのです！　トロピカルビーチにいると想像する必要もなければ、座禅を組み、片方の鼻孔で息をしてロウソクに心を集中させたり、秘密の音節を唱えたりすることもないのです。意識を思考から「無」へと切り替えたとたんに、あなたの中で内なる平和とリラクゼーションが芽生え始めました。

無とはあなたの思考が映し出されるスクリーンです。スクリーンだけに意識を向けたら思考はどこかに消えてしまいませんでしたか？　今度、映画を鑑賞する機会があれば映画が映し出されているスクリーンにも少し意識を向けてみてください。映画のスクリーンはいつもそこにありますが、スクリーン自体に意識を向けることは滅多にありません。映画の向こうにスクリーンがあるのと同じように、思考の向こうには無があるのです。

あなたが無に気づいたとき、あなたの心の中にあった思考は実際に消えてなくなりました！　今までの多く教えのように何年もかからずに！

思考から抜け出し、その先にある無に気づくのには数秒しかかかりませんでした。このシンプルな練習だけでもあなたはもっとも強力な瞑想法を学んだことになり、たったこれだけで人生に大きな影響を与えたのです。

しかし、まだまだこれからです。もっともっともっと先があるのです。

ではここで質問です。無とはいったい何でしょうか？　変な質問だと思いますか？　無は無ですね。しかしどうやら無の中に「何か」があるようです。その何かとは「気づき」です。リンゴや月に気づくという意味ではありません。この気づきとは、無に気づくという意味です。これが私のいう純粋な気づき《ピュア・アウェアネス》です。純粋な気づきとは創造されたすべてのものの土台、すなわち基礎となるものです。だんだんわかってきたと思いますが、純粋な気づきに気づくというのはとてもすばらしいことなのです。

私たちは純粋な気づきを通してすべてを体験します。ほとんどの人は自分が純粋な気づきをもっていることも、純粋な気づきがその人の本質であることにも気づいていません。純粋な気づきは家族、仕事、健康よりも私たちに密接しているものであり、純粋な気づきがなければこれらのものも存在しないのです。純粋な気づきがあるからこそ私たちは感じ、考え、知覚し、そして人生がもたらす生き生きとした美しさを経験できるのです。純粋な気づきが私たちの本質です。

私たちの日常の中で純粋な気づきはずっと身を潜めてきました。純粋な気づきは、生命に生命そのものを吹き込む裏方として存在しています。私たちが純粋な気づきに気づくと、創造の活力の源にアクセスし始めます。私たちが純粋な気づきそのものとなり、人生の神秘が目の前で展開されていきます。もっとわかりやすくいうとどういう意味になるのでしょう？　純粋な気づきに気づくと、日常はさらなる活力、成功、楽しみ、そして愛にあふれます。そしてこれはまだまだ氷山の一角にすぎません。

量子力学的に見ると、純粋な気づきは「形のない非エネルギーこそがすべてのエネルギーの元だ」という内在秩序の論理に似ています。あなたが知覚するすべて、たとえば水たまりの中の雨粒、ブーンという冷蔵庫のモーター音、鏡に映る自分の顔、この世に創造されるすべてはまず純粋な気づきから始まります。

ただここには問題があります。あなたの心は直接知覚できない純粋な気づきに興味を示しません。心にとって純粋な気づきとは「無」、すなわち何でも「ない」ことです。心が純粋な気づきを知覚できなければ、心が大好きな識別、分析、操作、そして新しい何かを創造するということはできません。ですから「何でもない」純粋な気づきに心はすぐに飽きてしまい、「何をしよう？」という問いかけで退屈さを紛らわそうとします。

ここでユーフィーリング（Eufeeling：やすらぎ、歓び、至福感などの幸福感覚）の出番です！　すべての創造に特有なのがユーフィーリングです。ユーフィーリングは言うなれば二つの世界、心の中にある形のない純粋な意識と、最初に心に現れる純粋な意識の表現の両方に通ずるものです。

海を眺めると、水にはたくさんの形があることに気づきます。海面では波や潮が形づくられ大河のように流れています。水面下ではさまざまな温度、密度、そして明度があります。海面は形が変わりやすくても、水の中はいつもとても静かです。もしあなたの心が海だとしたら、純粋な気づきは水そのもので、ユーフィーリングはさまざまな形になった水、そしてあなたの思考は、海に住むさまざまな生物と捉えることができます。

それではここで海の例から一歩出て、なぜ現在ちまたで実践されているポジティブ思考がうまくいかないのかを見てみましょう。

熱くても冷たくても水は水というように、私たちはネガティブな思考もポジティブな思考も〝相反する状態の同じもの〟と思いがちです。もし熱い水がネガティブで冷たい水がポジティブだとしたら、熱い水が冷えるまで冷たい水を注げばいいだけです。このようにポジティブな思考をネガティブな思いに注いでいけば、ポジティブな思いに変わると思っている人たちもいますが、この方法は現実的にはうまくいきません。

ポジティブな思考でネガティブな思いを飲み込んでしまおうなどというやり方は、自分を惑わせているだけにすぎないのです。ネガティブな状況の中、ポジティブな態度をとり続けるというのは大変な努力を必要とします。しかし、ポジティブな思いを知覚するのにエネルギーはほぼ必要ありません。ネガティブな思いとポジティブな思いというのは実際のところ、〝相反する状態の同じもの〟ではないのです。事実、これらはまったく異なる知覚です。ネガティブとポジティブはリンゴとオレンジくらい違うものなのです。リンゴをオレンジにするために二つを掛け合わせたところで結果は悲惨なものにしかなりません。悲惨なものを悲惨ではないと自分自身に言い聞かせるということは、現実逃避の一種であり、感情を消耗させ、ダメージにつながるだけです。

このことを頭に入れたうえで先ほどの海の例に戻ってみましょう。海の中のすべての生物は海水の状態に左右されます。ポジティブな思考はネガティブな環境では育つことはできないように、冷水魚は熱帯海域では生きていけません。冷水魚がどんなにたくさん仲間を連れて行ったとしても、冷水魚は熱帯海域では繁殖することはできません。

では、もし冷水魚がこの状態でポジティブシンキングを実践するとしたら、魚は温かい水が実は冷たい水だと自分に言い聞かせるでしょう。しかしどんなに頑張ってイメージしたところで、温水の中で暮らすという現実が、冷水魚の実り多き生活を送るためにおこなっているすべての努力を台無しにしてしまいます。そして人生の質はずるずると下がり、冷水魚はさらなる戸惑いや否定的なことを体験し、冷たい水だという幻想を保つためにさらに必死にならなければなりません。

わかりますか？　ウォルター・スコット卿はこの悲惨な状況を全部把握しており、次のように書き記しました。「おお、はじめて欺くときには、なんと複雑な網目の罠を紡ぎ出すことか」（はいはい、あなたは私が間違っていてこの引用先はシェークスピアであるべきと思ってらっしゃいますね。私も昔はそう思っていました）私たちはいったい誰を欺いているのでしょう？　それはもちろん私たち自身です。

大事なのは次です。ネガティブには価値があります。それをカーペットの下に押し込んで隠したところで何もいいことなどありません。ポジティブという幻想をつくりあげてしまうと可能性の実現性を見逃すことになるのです。そうです。あなたが必死に自分の世界は大丈夫だという信念にしがみついている間に、その状況を改善するという可能性を失ってしまうのです。

もしさっきの冷水魚がポジティブシンキングや豊かさを意図するのに夢中になりすぎていなければ、自分に合わない厳しい現実が、ただそこにあるだけです。自分に合わない厳しい現実の中にいるというこの気づきこそが、冷水魚にとって実際の幸せへの最初のステップであり救いなのです。ネガティブな出来事もポジティブな出来事も私たちの世界に存在します。これは絶対的現実です。この現実から目を背けるということは幻想を生きるということです。ポジティブとネガティブ、この二つがどのように作用し合うかを一度知ってしまえば、魔法のように魅力的なことが起き始めるのです。

海の例に関してはもう少しあとでさらに深く潜ることにしましょう。ところで、もうすぐあなたが学ぶとても簡単なこのプロセスは、話し合ったり概念化するほうが実際におこなうより難しいものになります。ただ覚えておいてください。何十万人という人たちが世界中でこのプロセスを毎日おこなっており、そしてあなたもすぐにその仲間になれるということを。

では先ほどの心は海だという例と、ユーフィーリングに気づくことがさらなる自由と充足感を与えてくれるという考えに戻りましょう。あらゆる水の状態、温度、明度などに気づくには、まず水そのものに気づく必要があります。もしあなたが魚に「泳いでいる水に意識を向けてください」と聞いたら、「水って何？」という答えが返ってくるでしょう。しかし、魚を水から出し外気をあてて体験させ、水に戻したら魚は水と外気を比べることで水に気づきます。

思考、感情、記憶、知覚などあなたの心の状態すべてはユーフィーリングに左右されます。ユーフィーリングに気づくにはまず水の外の魚になる必要があるのです。つまり、純粋な気づきを体験しなければならないのです。純粋な気づきに正しく気づき、心の中の偉大な静けさに落ち着くというのは、深い深い海の底へと沈んでいくようなものです。この「禅」のような静かな心の状態が、肉体、精神、感情、そして霊性を健やかに保つのを促すという研究結果は実にたくさん存在します。

しかしまだまだこの静けさには先があるのです。私は次の二つの価値ある発見をしました。一つは、このすばらしい心の静けさを瞬時に得る方法、もう一つは活発な活動の際にも心の静けさを保つ方法です。瞬時に心の静けさにアクセスできるなんて、伝統的な教えとは真っ向から反することはわかっています。しかし結果を見ればそれは一目瞭然です。きっと心から思考をなくし、無の心を体験するには何年もの勉強と骨の折れるような修行が必要だと聞いたことがあるでしょう。今までは確かにそうでした。しかし私は、話す言語や文化も異なり、職業も、経済的状況も、そして精神的な背景も異なる大勢のあらゆる人たちを教えてきた結果、たった数分の指示を与えただけで、みなそっと思考を後にしてユーフィーリングがもたらすシンプルな歓びを体験してきました。

なぜこんなことが可能なのでしょう？　ユーフィーリングに気づくということは、この地球上に存在する人間すべての生まれながらの権利だからです。ユーフィーリングという本質に自由にアクセスできるということ、創造、調和、そして癒しが流れるこの内なる静けさにアクセスできるということは、私たちが人間らしくある延長線上に自然に存在するものなのです。これは遺伝子に組み込まれているものなのです。それぞれの時代に存在した悟りを得た魂たちは、静けさの中にいることは可能だということを教えてきたのです。私たちはただそれがどんなに簡単かを知らなかっただけなのです。

第2章のポイント

- 知覚とは自動的に瞬時に起こる。
- 気づきがなければ知覚はできない。
- 純粋な気づきは私たちの本質だ。
- 純粋な気づきに気づくことが、私たちの人生の質を向上させる。
- 純粋な気づきが最初に心に表現するのは、ユーフィーリングである。
- ネガティブな状態の中でポジティブな態度を保つには、多大なエネルギーが必要だ。
- ユーフィーリングに気づくことで、何の努力もなくネガティブなことを消滅させることができる。
- ユーフィーリングに気づくことは、人として生まれながらの権利である。

第3章 ユースティルネス・テクニック

どこからきてどのように作用するのか？

最初から馬鹿げてないアイデアは、
それゆえに成功する見込みはない。
アルバート・アインシュタイン

これからこの本を執筆した理由でもあるユースティルネス・テクニック（Eustillness Technique：深遠なる静寂の技法）についてさらに深く見ていきますが、まずはユースティルネス・テクニックが生まれた背景について話しましょう。

私は行く先々で、このテクニックの背景となる話を聞かせてほしいと言われます。これから一見簡単に見えながらも明らかに効果のあるテクニックが、いったいどこからやってきたのかを知りたい方のために次の数行を捧げたいと思います。

困難を解決してくれるこの方法を見つけたのは、なにも私が内観する超能力をもっているからとか、どういうわけか自然界の神秘に繋がったからなどではありません。まったく違います。ほかの多くのすばらしい発見がそうだったように、私はただあるべき場所にあるべきときにいて、あるべき気づきを得ただけのことです。

ことの発端は中学2年生のラテン語の基礎クラスまでさかのぼります。中間期に差しかかったころ、ラテン語が悲惨なほどにまったくだめだった私に、規律に厳しい担任、ミセス・ホワイトマンが突き刺さすような黒い目で私の目の前に立ちました。そして、私のラテン語の能力が使いものにならず、学年の中間期までまったく私が理解を示さないので、教科を合格させることはできないと彼女は言ったのです。先生は私に何か言いたいことはあるかとたずねました。クラスでちゃんと何かを学んだことを示すために「ubi sunt virgines(女の子たちはどこにいますか)」というフレーズを言いたかったのですが、今このタイミングで言うのはまずいかもしれないと思い、私はただ下を向いてあまり賢くない言葉をぶつぶつつぶやくだけで、「ラテン語をしゃべるのが怖い」とは言えませんでした。なにぶん、ラテン語を話していた古代ローマ人はみな死んでしまっています。ミセス・ホワイトマンは、私が落第点を取ったことで彼女の教師としての資質を私が個人的に侮辱していると思っていたに違いありません。GPAスコアを犠牲にしてまで、私がそんなことをする意味などないのにもかかわらずにです(訳注:GPA《Grade Point Average》=成績を特殊な方法で数値価したもの。大学入学の際などに学力の指標として使われる)。

そこでミセス・ホワイトマンは私がクラスに出席することはかろうじて認めるけれど、授業中は本を読むようにと通達したのです。私はまるで監獄から脱出できたような気持ちになりました！　クラスに出て本を読んでいればいいだけだって？　きっと彼女は私がこのままラテン語の勉強を続け、2学期になったら再度クラスを取りなおすだろうと考えていたのだと思います。しかし私はラテン語のクラスの間、自分の想像力を爆発させていました。バルサいかだのコンティキ号に乗船して考古学者トール・ヘイエルダールのクルーの一員としてペルー海流を流されていると想像してみたり、ほかにもヨガマスターや深い瞑想がもつ特別な力についての本を読んでみたり、アルバート・アインシュタインと光子にのって光の速さで宇宙を一緒に叫びながら駆け巡ってみたりもしました。

こんなにも純粋な活力をラテン語の基礎クラスの後半で体験した生徒は、後にも先にも私以外にはいないと思います。ミセス・ホワイトマンは、気づかないうちに知られざる世界や抽象的世界へのポータルを開き、私はそこへ勢いよく飛び込んだのです。私はそれから今に至るまで、日々の暮らしを送りながらもその不思議な世界に浸り、平凡な日常を神秘的なものにしています。

歳を重ねるにつれ、私の抽象的なことに対する情熱は多くの実用性をもたらしてくれました。武術の精神性に興味をもち、読書をし、友人を催眠術にかける方法を学び、瞑想を通して痛みを軽減させたり、力を増幅させる方法を見つけ、カイロプラクターとして関節の調整法から生体エネルギーにおよぶ50ほどのヒーリング手法を学びました。そして、アインシュタインの宇宙に対する見識に畏敬の念を抱き、わけがわからない量子物理学の世界を味わうことを覚えました。このような一見変わった、伝統的ではない独創的な狂気のかけらが徐々に私の心《マインド》とハートと、日常の捉え方に浸透し始めました。

このようなことを経て今の私があるというわけです。まあだいたいこんな感じです。

数年前、あるひらめきが降りてきました。考えすぎてしまうと、やっていることに悪影響があることは周知の通りです。おしゃべり、仕事、勉強、そして愛が心のもっと静かなところから循環してくると、これらの活動はもっとたやすく満たされ、そしてよりよい結果をもたらします。別にこのことはなにも目新しいことでも、想像力を広げなければ理解できないものでもありません。要するにこれは瞑想法、慢性病のヒーリング、創造的芸術、そして完璧なバスケのジャンプショットを決めるときの土台なのです。

啓示では、人は心の中で「何もしない」ことが可能だと知りました。その様子は、自分は脇に置き、自然界にあるがままにすべてを委ねることで、すばらしいことが展開されていくことに似ています。私はそのとき、宇宙のすべてに動きがなく、時間の流れもじっと止まっているのを目にしました。当時はまだ知らなかったのですが、後に研究で、動きがないという認識はアインシュタインによって確立されていたことを知りました。一つのＤＶＤの中に映画の始まり、中盤、終わりがすべて入っているように、宇宙の物語のすべても時間を超えてその中にじっと停止しているのです。しかし面白いのはここからです。

私はずっと地に足をしっかりつけているかぎり、空想にふけっても何も問題ないと思ってきました。時間を超越した宇宙の概念を実用化できなければ何の意味があるというのでしょう？　さあここからが面白いところです。動いていない宇宙という概念から「何もしない（無為）」というテクニックがやってきました。充足感、楽しさ、そして成功を、無為というスタート地点から創造する方法です。どうやら時間を超越した状態とは私たちの遺伝子にすでに組み込まれているようです。時間を超越した状態というのはもっとも深い成功の基準となります。人生において静けさを敬い、大事にする人たちは幸せで、成功を楽しみ、思いやりがあり、創造性と愛にあふれています。このような人たちはあなたが想像している以上に周りにいるのです。この本でも彼らの美徳に触れるために一章のすべて（第10章「自己超越者の秘密」）を割いてあるので、同じ美徳が自分に起きたときに気づくことができるでしょう。

ここで言いたいのは、非常にはっきりとした意識の中でパッと得たシンプルな気づきにより、私たちは人生の内なる静けさとダイナミックで活発な外の世界を調和させる実用的な方法を得ることができたということです。静けさのテクニックがどれほど深遠かは、これが物ごとを両極化するのではなく統一するものであると気づくまではわかりづらいかもしれません。

少し説明しましょう。

すべての創造物は二つのパーツ、「エネルギー」と「形」で成り立っています。もっとも基本的なエネルギーの形は波です。波が結合され素粒子になり、素粒子が結合され原子や分子になり、それが今、あなたが手に取っている本となります。この本にはエネルギーがありますね？　本で蚊を潰すこともできますし、燃やして暖をとることもできます（この本を燃やさなければならないとしたら、理由はどうかこれでありますように）。

同じように思考や感情にもエネルギーと形があります。思考や感情はほかの物とは違い手に取ることができないだけです。この本は私の思考と感情のエネルギーが含まれていて、読むことにより似たような思考や感情があなたの心の中で刺激されます。この本を燃やせば、熱と光が放射されます。あなたがこの本を読めば、知識が放射されます。すべての形にエネルギーがあり、すべてのエネルギーには形があります。

あなたはもうすでにエネルギーでも形でもない生命の「場」を、純粋な気づき《ピュア・アウェアネス》を知覚したときに認識しました。これは純粋な気づきは創造されたものではないという意味です。純粋な気づきとは、実体性がある、ないにかかわらず、すべての創造の始まりなのです。

では、純粋な気づきが形もエネルギーもなければ、それはいったい何なのでしょうか？　それは「無」です。これは純粋な気づきの中には何も無く、形もないことを意味しています。純粋な気づきにはエネルギーもありません。物には形とエネルギーがあるのを思い出してください。ということは、物でなければ形もエネルギーもありません。形がないことを表す言葉として無がありますが、エネルギーがないことを表す言葉は静寂《スティルネス》です。

純粋な気づきとは、完全な無であるとか絶対的な静寂だと言えるでしょう。しかし、純粋な気づきを理解する際にはまず、心は無をとてもつまらないものだと感じ、注意を向ける価値がないと感じているということを知っておくことが重要となります。抽象的かつ総合的な形で静寂はあなたの心を静寂の中へと引き込みます。これがユースティルネス・テクニックが、すばやくかつ完全に、人生をまることと変化させる理由です。

簡単に言うと、多様性が支配していた中に一体感を見い出すようになるのです。そしてもうすぐ明らかになりますが、この一体感を見い出すことにより、二つのものが一つになり、調和や集合的豊かさをもたらすのです。ユースティルネス・テクニックはすべてが一つであるということを示すと同時に、すぐさま自動的にさらなる成功へと人生を導いてくれます。ここで言っている一体感の気づきとは、今までのように一生をかけて学ばなければ得られないものではありません。「シフト」は瞬時に起こります。そのあとはすべてをあるべき場所へと落ち着かせていくだけです。あらゆることを考慮すると、これはなかなかすごいことなのです。

ここで知覚が瞬時に影響されるというのはどういうことなのかを見てみましょう。

車の急ブレーキの音が聞こえて振り向くと、犬が車に轢《ひ》かれています。そのとき、一瞬にして身体と感情の変化を体験しませんか？　脈が速くなり、心拍数も上がります。戦うか逃げるかと筋肉には緊張が走り、アドレナリンなどが放出されホルモンも変化し、瞳孔が開き、さまざまな身体の変化が現れます。感情的には恐怖、不安、混乱、怒り、無力さ、憐れみなどを体験するかもしれません。

では、美しい日没を見ているときはどうでしょうか。身体はくつろぎ、心は畏敬の念を感じつつも内なる静けさに包みこまれているでしょう。要するに、このような内面的変化は自動で瞬時に起こるということです。自分で意図的につくりだしてはいませんね？　想像力も信仰心も信念も必要ありません。どうやって変化が起こるか理解する必要すらありません。あなたの身体も心もすでに必要なことをすべて知っているのです。長い間、人間が生き残るために進化してきた結果として、遺伝子の青写真に刻みこまれているのです。ここにこれから学ぶユースティルネスのすばらしい特質があるのです。完全な人らしくあるために体験すべきことのすべては、あなたに試運転されるのを待っているのです。

ではユースティルネスとはいったいどんなもので、なぜ効果があるのでしょうか?

まず最初に内側に入っていくと、「無」という純粋な気づきを体験し、そして純粋な気づきが最初に心で個別化される光、ユーフィーリングを体験します。そのユーフィーリングの中に終わりなき静寂《スティルネス》があります。ユースティルネス・テクニックをおこなうと、この終わりのない静寂に出会えるでしょう。ユースティルネスとは〝深遠なる静寂〟を指します(純粋なユーフィーリングとも言います)。ユースティルネスは私たちの中のもっとも高いレベルの理解力、知性、決断力、そのほかいつ何をおこなうのか、善と悪、正と邪を見分ける力を呼び覚まします。このユースティルネスの中にある知性を「起こす」ことによって、人生の多様性や全体性を見い出せるようになります。

今は体験にそぐわないように思われるかもしれませんが、星、車、飴など創造のすべての中にあるユースティルネスの静寂に気づくと、命のすべてにある一体感を完全につかむことができるでしょう。ユースティルネスとは、あなたとあなたの世界を結びつける接着剤なのです。

そして、ユースティルネスの最終行程は外側に現れます。この時点で私たちは私たちが住むすばらしき外の世界へと目を向けます。ユースティルネスを通して、私たちは、ユースティルネスがあらゆることを調和して釣り合いを取っていくということが及ぼす影響を観察します。私たちは喜びと苦しみ、男と女、善と悪など相反する事がらにある共通点を見つけ、それらを慈しみます。人生におけるすべてがそれぞれおさまるべき居場所を見つけます。壮大な計画の一部としておさまるべき場所を見つけると、ようやく安心できるのです。

ああ、このことを考えただけで身ぶるいします。すべてが抽象的で、今はまだ達成できないと感じるかもしれませんが、そうではないのです。もしそうであれば、私は自分の時間もあなたの時間も無駄にはしたくはありません。「地に足をつけながら空想する」ことを思い出してください。

私が言いたいのは次の通りです。ユーススティルネス・テクニックをおこなうために、ユーススティルネスを理解する必要はありません。ユーススティルネス・テクニックをおこなうために必要なものはすでにもうすべてもち合わせているのですから。それは私が保証します。そして、ユーススティルネスが人生の中で活発化し始めたら、これらすべての意味を完全に理解できるようになります。

では、ユーススティルネス・テクニックはどのように作用するのでしょう？　そうですね。従来の方法でないことは確かです。テクニックとは何かを「おこなう」ことですよね？　では、どうやったら何もしないで何かをすることができるのでしょうか？　不可能に思えるのは当然です。非活動を活動させるのは無理だと思うのが普通でしょう。これこそが多くの瞑想法やスピリチュアルな手法が結果を出すのに時間がかかる理由なのです。

今までは内なる静けさをつくりだしたり、微動だにしない観察者になるには、ポジティブな思考をもたなければいけないとか、一つの言葉やアイデアに集中するとか、正しい方向に身体を曲げて正しい呼吸法をするなど、何かしら「おこなう」ことが要求されてきました。

これは内なる平和や静寂の中にいる観察者になる、という目標の正反対にあたります。心やそのほかのどんな形であれ、動きは静寂に導いてはくれません。動いていようがいまいが静寂は存在します。従来の「何かをしながら静寂を見つける」テクニックではやらなければならないことに心が飽きてしまって、やるべきことをしなくなったほんのその一瞬に静寂を見つけることができます。

やるべきことを放棄した瞬間、心《マインド》が停止します。そして心が停止したときに静寂が心から迎え入れてくれることに気づくのです。ユースティルネス・テクニックは、やっていることに飽きるという部分をスキップして直接静寂の中へと進みます。

ユースティルネス・テクニックは何かをやっている状態から、ただ在る状態へと知覚をシフトさせます。その状態は実に自然で、結果としてくつろぎと内なる平和が最初に得られ、その後実感できるレベルでの癒しがすぐに起こり、そしてさらにその後もっと深遠な効果を得られます。簡単で科学的なテクニックを開発しようとしていたわけではありません。ある日それは種として現れ、私はそれを発芽させ、育てただけです。

簡単な言葉で説明すると、「何もしない(無為)」という方法に私は偶然出会ったのです。そうです。「何もしない」です。しかしもっと面白いのは、何かをやり遂げたかったら何もしないことが必要だということです。あり得ない話に聞こえるかもしれませんが、本当なのです。実はこれこそが真実なのです。私たちが何かをするとき、必ず逆の方向から始めなければなりません。おかしな話に聞こえますか？　ここで少し考えてみましょう。

もし、今座っている椅子から立ち上がりたかったら、一番最初にしなければならないのは何でしょう？　そうです！　立ち「上がる」には足と腕を「下」方向へ押し出し、力を加えなければなりません。もし、冷たい飲み物を冷蔵庫から出そうと歩き出すなら、まず最初に足を冷蔵庫と反対方向へと押し出して冷えたビールに向かって動き出しますね。クギを打ち付けるのであれば、金づちを打つ方向と反対方向に動かすところから始めます。高層ビルを建築するには、地面に穴を掘るところからスタートします。

そしてここで「何もしない（無為）」が出てきます。反対方向に進むのをやめて前に進む直前、一度完全に静止しますよね？　足が後方へ押し出すのをやめて、前へと踏み出すその直前に足は静止しています。金づちを後方へもち上げ、クギを打ち付ける直前、金づちは静止しています「何もしないこと」がすべての動きに含まれていることがわかるでしょうか。

もっともシンプルな動き、正弦波でさえ何かするためにこの無為の原則を示しています。正弦波は上に上がり、そして下がります。そして上がり、また下がります。正弦波は一生この動きだけをします。しかし謙虚な正弦波はただ仕事ばかりしているわけではありません。正弦波が上がるたび、そして下がるたびに小さな休息が入ります。コーヒー休憩のようなものです。宇宙はなんとも慈悲深い雇い主で、休息を、何もしない無為のすばらしさをすべてに、正弦波のようにもっとも初歩的な創造にでさえ組み込んでくれたようです。

ここでこの魅力的な原則をくわしく見ておくのにいいタイミングとなりました。矢を的に当てる、という例で考えてみましょう。これはダイナミックな活動と成功の原則、ユースティルネス・テクニックの土台となる原理そのものを明らかにするのには最適な例です。

では矢を的に当てたいとしましょう。まずやらなければならないことは何ですか？　まず矢を的とは反対方向に引かなければなりません。そうですね？　矢を完全に引き、矢を放つ直前、矢は静止していますね？　これは矢が地面に落ちて静止しているのとは違う形態の静止《スティルネス》です。完全に引かれた矢は動態停止の状態を表しています。動いてこそいませんが、手を離した瞬間に動き出す可能性で満たされています。

次に、矢を引いたあとに何をすべきでしょう？　的に照準を当てますね？　完全に矢を引き、的に照準を定めたら矢が的に当たるために何をしなければならないでしょうか？　そうです。何もしなくていいのです！　矢を放つ前、あなたの筋肉は矢の位置を保つために緊張しています。あなたがやるべきことは**やっていることをやめること**です。この例では、筋肉を緩めればその瞬間矢は放たれます。もし照準が正しければ矢は的の中心に当たるでしょう。ユースティルネス・テクニックはこのようにして作用するのです。

矢は欲しいものを得るための行動を創造する心を表します。矢をただ弓にかけただけで引いていなければ、矢はただそこにあるだけです。その状態で手を離せば矢は地面にただ落ちるだけです。これは深い眠りについているときの動きのない心を表しています。矢を数センチ後ろに引いている状態は、通常意識の常識的な可能性を表します。矢を数センチ引いて放つと、矢は前に放たれますが最大の可能性からはほど遠い状態です。

的を射るには数回試さなければならないかもしれませんが、矢を完全に思いきり引いて放つという行為は、私たちが最大の可能性から行動を起こすことを表しています。完全に矢を引くというのは、自分の意識を通常意識から純粋な気づきとユーフィーリングへともっていくのに似ています。ユースティルネス・テクニックの見事なところは次の通りです。

矢をしっかりと引くと、矢が動態停止します。次にやることは矢を的に向けることです。矢を完全に引き、的に向けたあと、あなたが矢を引くことをやめると瞬時に矢は的の中心めがけて飛んでいきます。ユースティルネス・テクニックをおこなうとき、心を完全に純粋な気づきまで引っ張っていき、ユースティルネスに気づきます。そしてそのあと、ユーフィーリングにも気づきます。ユースティルネスに気づくことで心は動態停止し、最大の行動への準備が整うのです。ユーフィーリングに気づくというのは、矢を的に向けるのに似ています。そしてユースティルネスの最大の可能性とともにあなたは〝的を得る〟のです。ユースティルネスに気づいたら、的を得るためにユーフィーリングが身体や心に動きを促すまで何もしません。その的とは個人的なもの、経済的なもの、教養、スピリチュアルなものかもしれません。

たったこれだけです！　何も難しいことはありません。私たちは人生で何かをすることばかり強調して、「何もしないこと」には目を向けません。いつも何かをやって、さらにやって……という行動は疲れてしまいます。静けさの中に溶け込み、静寂さで調和をとらなければすべてのバランスが崩れてしまいます。

ではどのようにしてダイナミックな静寂さの中に「溶け込んで」いくのでしょうか？

では、そろそろユースティルネス・テクニックを学ぶ時がきたようですね。

第3章のポイント

- アインシュタインをはじめ多くの人が、動きのない宇宙を理論的に確立させている。
- 時間を超越した（動きがない）状態はもっとも深い成功の土台である。
- 創造されたすべては「エネルギー」と「形」の二つのパーツでできている。
- 純粋な気づき《ピュア・アウェアネス》は「無」であり、完全な静寂《スティルネス》である。
- 知覚は瞬時に身体と心に影響を与える。
- 無（静寂）を認識することは、ダイナミックな活動に不可欠である。
- ユースティルネスとは、考えたり行動する際に、純粋な気づきに気づいていることである。

第4章 自分の中に秘められた音楽を発見する
ユーフィーリングの探し方

私たちは、自ら奏でられる音楽を心に閉じ込めたまま墓へいく。
オリバー・ウェンデル・ホームズ

オリバー・ウェンデル・ホームズの引用は、私たちには何かが欠けているということを教えてくれています。正しく言えば、私たちはとても大事な何かを無視していて、そのために人生から音楽を、人生に実体を与える唯一のものを失ってしまうのです。

これはプラトンの洞窟で、洞窟の中で火の明かりに映される影絵が人生のすべてだと思っていた大昔の人たちのことを思い出させます。彼らは洞窟に座り、影が本当に存在するのかどうか観察し議論していました。鼻を刺激する土の匂い、風のため息、鮮やかな青、赤、黄色であふれた草原といった人生のすばらしさを体験するには、ただ振り返り、洞窟の外を見るだけでよかったのです。その瞬間、彼らは人生という名の交響曲に音楽を添えることができたのです。

あなたは、人生という名の交響曲を奏でる唯一無二の楽器なのです（はい、はい、古臭いたとえだとわかっています。しかし言いたいことは伝わりますよね？）。あなたはあなたという音楽を奏でなければなりません。打楽器はバイオリンの音色を奏でられません。あなたという音楽を奏でるには、あなたという音楽をまず見つけなければならないのです。あなたの中にある音楽、すべての創造と交響曲のハーモニーを奏でるとき、あなたのユーフィーリングがはっきりと表れます。ユーフィーリングに気づけば、音楽を心に閉じ込めたまま墓に入ることなどありません。影の中から一歩外に出て光の中へと進めるのです。鳥たちが世界とさえずりをわかち合うのをやめられないように、ユーフィーリングに気づけば、あなたという歌は歓びの轟《とどろき》とともにこの世界にはじけるでしょう。

ユースティルネス・テクニックをおこなう前に、まずユーフィーリングに気づかなければなりません。そして、ユーフィーリングに気づく前にまず純粋な気づきに気づかなければなりません。あなたは無のテクニックで心のスクリーンを見たときに純粋な気づきに気づきました。おめでとうございます。もうゴールの三分の一までたどり着いています。ユーフィーリングに気づくというのはそれぐらいシンプルで簡単なのです。

それでは、大事なデートや、オーブンで夕食を焼いていないのであれば、ここからあなたのもっとも親密な部分を紹介する時間にしたいと思います。

あなたという存在を創りあげる最初のかすかな光、それがユーフィーリングです。まず最初に無のテクニックを復習してからスタートしましょう。

先ほどと同じように、次の指示を何度か読んで記憶をたどっておこなうことも可能です。文章ごとに、指示を4秒から5秒一時停止させながら録音機器に録音してもいいでしょう。ほかの誰かに読んでもらうのもけっこうです。もしくは私が誘導する音声「ユーフィーリング・テクニック」をキンズローシステムのサイト（www.kinslowsystem.com/learn.html）らダウンロードすることもできます。

それでは始めましょう。

ユーフィーリング・テクニック

目を閉じて心を好きなようにさまよわせます。次に自分が考えていることに注意を向けます。内容は重要ではありません。ただそこにある思考に注意を向けてください。映画を観ているように楽に思考を眺めてください。思考を心のスクリーンにただ流れるように映してください。思考をただ眺めるだけです。

その思考の先をふっと見つめ、そこには何もないことに気づいてください。心地よいと感じている間は、そこに何もないことに気づき続けてください。思考が戻ってきたら少しの間そのまま眺め、思考の先、もしくは思考と思考の間を見つめます。そこにも何もないことに気づきます。これを2分から3分続けてください。

今度は自分がどのように感じているかに注意を向けます。心地よさや気持ちのよさを感じるでしょう。軽やかさや広がり、静けさや平和を感じるかもしれません。歓び、愛、至福を感じるかもしれません。どのような心地よさを感じているか、感情は気にせずにただそれに気づいてください。この心地よい感じ、平和、軽やかさ、歓び、充足感があなたのユーフィーリングです。ではこのまま気楽にユーフィーリングを見守りましょう。

そのまま楽にユーフィーリングを見守り、どのように変化するかを見つめましょう。何かしら変化があるでしょう。ただどのように変化するかに気づいてください。ユーフィーリングはとても静かになったり、強い感覚として感じられることがあります。たとえば、軽やかさは至福や一体感に変化するかもしれません。一つのユーフィーリングの感覚がほかのユーフィーリングの感覚より優れているということはありません。ユーフィーリングが完全に消えて、ただ純粋な気づきだけが残ることに気づくかもしれません。純粋な気づきはゴールではありません。それはただユーフィーリングを見守っている中での一つの体験にすぎません。どのようにユーフィーリングが変化したとしても、ただユーフィーリングを邪魔せずに無心に見守ってください。

思考が現れては消えるということにも気づくでしょう。思考はいつも現れては消えます。思考に抵抗しないでください。思考、音、肉体的感覚などすべてを受け入れてください。そしてそれらに憤らないでください。思考やほかの感覚に気づいたら、ただ、気づきをユーフィーリングに戻します。

では、さらにこのユーフィーリングを見守るプロセスを続けましょう。ユーフィーリングが変化するのを見守り、もしユーフィーリングが消えてしまったら優しくまたユーフィーリングへと戻りましょう。静かにこれを3分から5分おこない、そのあとゆっくりと目を開け、本を読み進めましょう。

おかえりなさい。今、どのような感じがしますか？　身体はくつろいでいますか？　心はどのようなことを感じていますか？　内側に心地よさを感じていますか？　もしかすると静寂、平和、ほっとした感じ、歓び、至福、慈愛や軽やかさを感じているかもしれませんね。少し立ち止まってその気持ちよい感じに気づいてください。それがあなたのユーフィーリングです。

ではいいですか？　あなたは目を開けたままユーフィーリングに気づいています！　驚くべきことだとは思いませんか？　少し前まではユーフィーリングを見つけるには目を閉じなければなりませんでしたが、今は目を開けたままユーフィーリングとともにいます。ユーフィーリングはいつでもどこにでもあるのです。目を開けていようが閉じていようが、あなたがユーフィーリングに気づくとき、同時に自分の最高の可能性に気づけるのです。矢を完全に引き、的に当てる準備ができたのです。

これがどんなに簡単かわかりましたか？　どんなものが心のスクリーンに映ったとしても、あなたの役割はいつも同じです。あなたはただの観察者です。**思考やユーフィーリングを邪魔をしたり、コン**

トロールしようとしてはいけません。信じてください。すべて任せて大丈夫なのです。

心地よさや平和を感じるために何かしなければなりませんでしたか？　いいえ、すべては自動的におこなわれました。ユーフィーリングの叡智に気づきさえすれば、あとはすべて任せておけばいいのです。プロセスを複雑にしないでください。複雑にしてしまうと、プロセスは中断され、見失われてしまい、ゆっくりと、しかし必ず通常意識へと戻ってしまいます。

ユーフィーリングには制限がないことを思い出してください。ユーフィーリングはいつもそこにあります。ただ、今までずっと、見向きもしなかっただけなのです。そしてこれからも意識的に努力しなければ、また、見向きもしなくなってしまうこともあるでしょう。しかし、少し内観するだけでユーフィーリングに気づくことができる方法があります。今すぐやってみてください。

ほんのちょっと立ち止まり、ユーフィーリングの心地よさや気持ちのよい感覚に気づきましたね？　いいですか。ユーフィーリングに気づくにはたったそれだけでいいのです。

それでは目の前にある物を見てください。対象物を見ながらユーフィーリングに気づきます。そして別の物を見てユーフィーリングに気づきます。ではゆっくり立ち上がり、ユーフィーリングに気づきます。自分の感覚すべてを使いながら部屋の中を歩き回ります。部屋の中の音を聞きながらユーフィーリングに気づきます。歩くたびに服が肌に触れているのを感じながらユーフィーリングに気づきます。空気の匂いをユーフィーリングとともに嗅ぎます。何かを食べ、あらゆる味覚が口の中で広がることに注意を向けながらユーフィーリングに気づきます。

ユーフィーリングに気づいているときには、請求書の支払い、仕事上の問題やなんとかしなければならない人づきあいを心配していないことに気づきましたか？

もう一度少しの間ユーフィーリングに気づいてみましょう。どことなく一つで完全な感じがするのに気づきましょう。あなたは何も必要としていません。そうです。人生はすでに修復され始めているのです。どうやって修復しているのでしょうか？　必要な癒しは努力をすることなく、自然にもっとも簡単に起きているのです。もしユーフィーリングに気づくということだけを学んだとしても、じきにあなたは美しく完全に花開くのです。そして私たち一人ひとりがそうあるべきなのです。

もし目を開けたときにすぐにユーフィーリングに気づくことができなかったら、もう一度目を閉じてユーフィーリング・テクニックをおこなってみましょう。数日もすればすぐにユーフィーリングをいつでもどこでも感じられるようになります。ユースティルネス・テクニックを学ぶまではユーフィーリング・テクニックを一日三回、4分から5分間おこなうのをおすすめします。

練習するのに一番いい時間帯は起床後すぐ、次に就寝前、そして日中、たとえばお昼休みや仕事から帰ったあとなどです。そしてユーフィーリングを思い出すたびに、少し立ち止まってユーフィーリングに気づいてみましょう。運転中だったり、おしゃべりや仕事中だったり、料理中かもしれませんが、ユーフィーリングに気づくのに十分な時間は静止してください（1秒ないしは2秒、もっと長くてもかまいません）。そして楽に手放します。

あなたは自分の想像を超えた人生の土台をつくっているのです。そう遠くない未来、あなたは人生が努力することなくもっと豊かに、もっと生きがいがあり、もっと楽しいものになっていると突然気づくでしょう。今はまだ新しい手法を学んでいる段階です。もっと静寂で、まとまりがあり、かつダイナミックなレベルで機能するように心を育てている最中なのです。新しい手法と新しい世界に遊び心と冒険心をもって臨んでください。そして、もし簡単で楽しくなければ通常意識に戻っていることも覚えておいてください。

そのときの改善法は簡単です。ユーフィーリングに気づいていますか？

ここまでのまとめ

ユーフィーリング・テクニック

・心地よい場所に座り、目を閉じ、心をただよわせます。
・映画を観るように思考を眺めます。
・思考の向こう側、もしくは思考と思考の間を見つめ、無に気づきます。
・思考が戻ってきたら、再度思考の向こう側を見て無を探します（1分から3分）。
・静寂、平和、歓び、軽やかさなどユーフィーリングの心地よい感じに気づきます。
・ユーフィーリングをはっきりと純粋に観察します。ユーフィーリングは強い感覚などに変化するか、新しい思考が湧きあがってきます。

・何が起きても干渉せず、ただ見守りましょう（3分から4分）。
・目を開けたら、ゆっくり部屋を歩き、すべての感覚を使ってユーフィーリングに気づきながら、自分の周りに注意を向けます。
・もしユーフィーリングを見失ったら、心地よさや気持ちのよい感覚を探します。必要であれば目を閉じ、ユーフィーリングをしばらく見守ってから、ほかの対象物に注意を向けます。

第4章のポイント

- ユーフィーリングに気づくにはまず純粋な気づきに気づくこと。
- ユーフィーリングに制限はない。あなたが気づいていてもいなくてもいつもそこにある。
- ユーフィーリングに気づいている間は、あなたは何も必要としていない。
- ユーフィーリング・テクニックを一日三回、4分から5分間おこなう。
- 数日練習すれば、どんなときもどこでもユーフィーリングに気づけるようになる。

第5章 ユースティルネス・テクニックの実践

シンプルさは究極の洗練である。
レオナルド・ダ・ヴィンチ

いよいよいいところにやってきました！　間もなくあなたはユースティルネス・テクニックを学びます。このテクニックの特徴は、ほとんど努力することなくユースティルネスを感じられることです。ユースティルネスとはすばらしく深遠で、あらゆる場所に広がる知覚であり、これからの人生の基盤を再編成し、確かなものにしてくれます。これはあなたとは別の何かであったり、誰かにしてもらうものではありません。

ユースティルネスの感覚とは、あなたが完全に調和しているという感覚です。ストレスや体力の低下、誤解、虐げられる感覚、失ってしまったチャンス、愛する人の喪失は、身も心も弱らせて不安定にしてしまいます。あなたはやがて世界は敵だらけで、次はいつやられるのかと身構え、そのときのために備え始めるでしょう。ユースティルネスは今まであなたが負った傷を癒してくれる薬なのです。

何を知覚するかによって身体と心が瞬時に反応する話をしたのを覚えていますか？ ユースティルネスを知覚するということは、完全な調和を瞬時に身体と心で知覚するということです。でっちあげているのではありません。ユースティルネスはとてもとても現実味があり、感じればすぐにわかります。ただこの非常に美しい知覚は、長い間折り重なった間違った指示と風化して積もり積もった心の塵に隠されてしまっていただけなのです。

たった一度体験するだけで、ユースティルネスは人生における疲労感や心配事を洗い流してくれるでしょう。もちろん、習慣的におこなえば想像もできないような深遠な結果が待っていて、きっとあなたは満足するはずです。

ユースティルネスは、修復が必要だと思ってもいなかったところを修復してくれるのです。これは自動車整備もやってくれる運転手がいるようなものです。運転手に車を運転させ、もし何か故障したら運転手が直してくれるのです。はい、はい、これは確かに最高のたとえ話とは言い難いですが、でもどこに向かっているかはおわかりいただけるかと思います。

まずユースティルネス・テクニックを学ぶ前に、ユーフィーリングに慣れておく必要があります。ユーフィーリングがわからなければ、ユースティルネスを体験することはできません。ユーフィーリングはあらゆる場所に常に存在するので、いつでもどこでもユーフィーリングに気づくことができます。「ユーフィーリングがあるの？」と思ったとたん、あなたの意識はすぐにそこへとんでいきます。冷蔵庫のモーターと一緒です。ふだんモーターが動いているとき、あなたはその音に注意を向けていません。音はまったく聞こえません。でも、「冷蔵庫のモーターは動いているかしら？」と考えたら、あなたの意識はすぐに冷蔵庫のモーターへと向かい、モーターが動いている音が聞こえてきます。

最初のうちはユーフィーリングに気づくために目を閉じなければならないかもしれませんが、ユーフィーリング・テクニックをしばらく続けると、思うだけで、目を開けていてもユーフィーリングとともにいることに気づくようになるでしょう。

ですから、もしユーフィーリングにまだ慣れていないと感じているのであれば、一つ前の章に戻り楽な気持ちで、ユーフィーリングを感じられるまでユーフィーリング・テクニックをおこなってみてください。数日間、もしかするともう少し長くやる必要があるかもしれませんが、焦らないでください。ユーフィーリング・テクニックは楽しいので、数日間楽しみが長引いたとしても誰にも迷惑をかけることはありません。昔、私の師であったマハリシはこんなことを言っていました。「きちんと始めることができればもう半分できたも同然だ」

ジャジャーン！　あなたとユーフィーリングは幼なじみのような間柄になったので、ユースティルネス・テクニックを学ぶ時がついにきたようです。

誰にも邪魔されない、静かな場所を見つけ、20分ほど心地よく座ってください。何度か指示を読んだあと、指示を思い出しながらユースティルネス・テクニックをおこなってもかまいません。しかし、この方法はこれ以外に手段がない場合以外はおすすめしません。なぜならユースティルネス・テクニックは記憶を頼りにして学ぶには長すぎるからです。もし可能であれば、指示を録音して再生するか、ほかの誰かに読んでもらってください。一つの文章ごとに4秒から5秒停止します（停止しないという指示がない場合以外）。最初の二つの指示はすでになじみ深いものでしょう。これらはユースティルネスをちゃんと知覚するのを手伝ってくれます。

それでは始めましょう。

ユースティルネス・テクニック

目を閉じて心を好きなようにさまよわせます。次に自分が考えていることに注意を向けます。思考を心のスクリーンに映画のようにただ流れさせてください。内容は重要ではありません。ただそこに思考があると気づいてください。

ではその気づきを思考の向こう側にある空間へともっていきます。

その空間に気づいていると思考が戻ってくることがあります。気づきが思考へと移ったら、気づきをただまたその空間へと戻してください。思考に憤ったり、その気づきを空間にとどめようとしないでください。そんなことは必要ではありません。ただ次のようにしてください。

気づきが思考へと移ったら、楽にすんなりと、気づきを、思考の間、もしくは思考の向こうにある空間へと移動させます。これを2分から3分続けてください。

今度は自分がどのように感じているかに注意を向けます。心地よさや気持ちのよい感じがするでしょう。軽やかさや広がり、静寂や平和を感じるかもしれません。歓び、愛、至福を感じるかもしれません。何も感じることなくただ純粋な気づきが現れるかもしれません。「何も感じない」と思うかもしれませんが、それで大丈夫です。「無」の純粋な気づきがあなたのユーフィーリングです。どのようなユーフィーリングでもただ楽にそれに気づいてください。この心地よい感じ、平和、軽やかさ、歓び、充足感、何もないという知覚でさえ、あなたのユーフィーリングです。

ユーフィーリングに注意を向けます。ユーフィーリングは変化していきます。どのように変化するかを見つめましょう。何かしら変化があるでしょう。ただどのように変化するかに気づいてください。ユーフィーリングが強くなったり、とても静かになったり、消えて純粋な気づきに気づいたり、思考が出てきたりするかもしれません。思考が現れたら、優しく気づきをユーフィーリングに戻してださい。楽な気持ちのままユーフィーリングを1分から3分眺め続けてください。

次に感じるままにユーフィーリングに気づきます。静けさ、平和、歓び、至福、軽やかさ、一体感、慈悲、畏敬の念、無――ユーフィーリングにしっかりと注意を向けます。ネコがネズミの穴を見張るようにユーフィーリングをはっきり、楽に見つめます。ユーフィーリングがネズミの穴の中に何があるのかを見るような気持ちでユーフィーリングを見つめます。注意深くユーフィーリングを見ていると、ユーフィーリングがまぶしい太陽の下、散っていく霧のように解け始めます。ユーフィーリングが解けていく中に何があるか見てください。ユーフィーリングが解けてしまうと、そこには静寂《スティルネス》があります。その静寂に気づいてください。

　静寂はやがて思考に変わっていきます。そのままで大丈夫です。思考が戻ってきたら、ただ静寂に意識を戻してください。静寂が見つからなければユーフィーリングに気づき、ユーフィーリングを見つめ、その中にある静寂を見つけます。思考を見つめてもいいでしょう。思考を注意深く見ていると思考も静寂の中へと消えていきます。静寂に1分から3分ほど注意を向けてください。

　では楽な気持ちのままはっきりと静寂に意識を向けます。まるでネコがネズミの穴を見張るように。静寂がネズミの穴の中に何があるのかを見るように見つめます。

　静寂を注意深く見ていると、さらに深い静寂があることに気づきます。その深い静寂を見つけ、さらにもっと深い静寂を見つめます。深い深い静寂を楽な気持ちで、そして注意深く見守り続けます。思考やユーフィーリングに戻ってしまったら、深い深い静寂に戻ります。これを1分から2分ほど続けます。

　楽な気持ちのまま注意深く静寂に気づきを向けます。自分の身体に気づきを向けます。身体の中の静寂さに気づきを向けます。頭と静寂に気づきを向けます。胸と静寂に気づきを向けます。腕と脚と静寂に気づきを向けます。身体の各部位に移りながらそこにある静寂に気づきを向けます。これを1分ほど続けます。

再度心の中の静寂に気づきましょう。静寂を見つめ、さらに深い静寂を見つけます。10秒から15秒かけてゆっくりと目を開けます。目を開けたまま、身体全体と静寂に気づきます。目の前にある物を見て静寂に気づきます。別の何かを見て静寂に気づきます。部屋の空間と静寂に気づきます。空間とそこにあるすべてと静寂に気づきます。

ゆっくりと立ち上がり静寂に気づきます。五感をすべて使って歩いてみます。椅子や壁をさわり、静寂に気づきます。空気の香りをかいで静寂に気づきます。何か明るい色のものを見つめ静寂に気づきます。くすんだ色を見つけて静寂に気づきます。何か味わって静寂に気づきます。

それでは手のひらを自分に向けてみます。気づきを手がどのように感じるかに向けると同時に、静寂にも気づきます。手と目の間の空間に気づき、その空間の中にある静寂に気づきます。自分の身体と手の間の空間、手の横の空間、裏の空間、そして空間にある静寂と手に同時に気づきます。

壁に囲まれた部屋の空間に立っていることに気づき、それらすべての静寂に気づきます。心の目で、地球が真っ暗な空間に浮かんでいるのを見て、その空間と地球の静寂に気づきます。無限に広がる空間にあるすべての創造物と静寂に気づきます。その静寂は無限に広がる空間、そしてそれを超えた中で創造されたすべてのものに宿っています。
椅子に戻り、静寂の中で目を1分ほど閉じます。再び静寂に気づきを戻します。注意深く観察し、さらに深い静寂、もっともっと深い静寂を見つけます。この完全な静寂がユースティルネスです。

ではユースティルネスに気づいたところで少しユーフィーリングを探してみましょう。ユーフィーリングはいつでもそこにあります。優しい歓びの鼓動、うれしさ、慈愛、至福、平和、愛、優しくいい感じがするものがそれです。

静かな湖面に浮かぶ葉っぱのように、ユーフィーリングはユースティルネスの上でユーフィーリングの小さな波となり優しく揺れ動きます。至福、歓び、優しさ、調和の小さな波は心の中へ、肉体へ、部屋へ、地球へ、そしてすべての創造物へと広がります。この優しい気づきとともに楽に座り、すべてに浸透する完全な衝動を味わいたいだけ味わってください。

では心を好きなようにさまよわせてください。20秒から30秒ほど、もしくはもう少し長く時間をかけます。そしてゆっくりと目を開けます。身体と心がどのように感じるかに注意を向けます。違いをどのように感じていますか？　そして楽に周囲を見回します。あなたの知覚はどのように変化しましたか？　どんな感じがしますか？

では最後に、ユースティルネスに気づき、ユーフィーリングをその静寂の中で見つけます。楽しんでください。

おめでとうございます！　あなたはこのすばらしき地球という宇宙船に住む人類の1・5パーセントに入るユースティルネス知覚者となりました。ご搭乗ありがとうございます。これからはユースティルネス・テクニックをユーフィーリング・テクニックの代わりにおこなうことをおすすめします（「第15章　完全な人になるために　ユースティルネスと過ごす90日」を参照）。

起床後すぐに10分以上ユースティルネス・テクニックをおこない、就寝前、日中のどこかのタイミングでまたおこなってください。心配しないでください。ユースティルネスの中で過ごした静かな時間は、のちに、エネルギーと生産力の増加として十分に補われます。

ユースティルネスを思い出すたびにユースティルネスに気づいてください。心の中で、身体全身で、身体の一部、あなたを取り囲む環境すべて、その一部、本や木の中にもユースティルネスに気づくことができるでしょう。

ユースティルネスには2秒か3秒気づくだけで十分ですが、もしもっと長く感じていたければそのようにしてもかまいません。目的は、ユースティルネスをあらゆる形に対して、そしてユースティルネスを思うたびに気づくことです。最初は思い出さなければならないかもしれませんが、思い出すためのわずかな努力をするだけの価値はあります。もちろん、ユースティルネスそのものに気づくのに努力は必要ありません。ユースティルネスを無理やり知覚することはできません。頑張るということは、「何もしない（無為）」ではなく、努力しているということです。

弓と矢の例を覚えていますか？　矢が的をめがけて引かれた後、それ以上のことをおこなえば矢の照準をずらしてしまいます。頑張るということは〝何かをする〟ということです。ユースティルネスは「無で在ること」です。

しかし、いったんユースティルネスに気づくと、今までユースティルネスに気づかずにやっていた当たり前のことをユースティスルネスの中でおこなえるようになります。これからは、あらゆることがもっと楽しく、充足感にあふれ、実りに満ちたものになるのです。

あなたは、次のように思っているかもしれません。「うん、確かにユースティルネスはなかなかすごい。ユースティルネスを知覚すると安定して満たされると同時に、自分が自然界の一部であり全体だと感じる。身体はよりリラックスしているし、心は深い平和の状態にある。それを疑う余地はないし、確かにユースティルネスは深遠な知覚だけど、だから何？」。

だから何？　ごもっともです。多くの人は人生において孤独を感じてきました。もしかしたらあなたもその中の一人かもしれません。彼らは周りの人や出来事に溶け込めないと感じています。彼らはそういった現状の中でも、一時的に心地よさを感じることがあったかもしれませんが、ほとんどの場合、この世界になじめないと感じています。まるで丸い穴に無理やり入れられる四角いネジのような気持ちです。このような人たちは妥協に妥協を重ねないと社会に適応できないのです。自分たちにとって自然でない方法に従わなければならないのです。

このように隔離されてしまった魂たちは（私は人類の大多数の話をしていると確信していますが）、自分自身からも疎遠になっていると感じています。内なる自分とのコミュニケーションは本来簡単で愛情深いものですが、彼らは支離滅裂でつまらないものだと失望しています。彼らは自らがもつ内なる働きから遠ざかっているのです。

ユースティルネスに気づくようになると、分離の幻想を打開できます。すべての命を取り囲み、その中に浸透している静寂《スティルネス》に気づくと、これらすべては一つの源からきているのだと感謝できるようになります。

これは非現実的な哲学でも複雑な信念体系でもなく、ただ私たちは本質的に本当にすべて一つだということに気づくことなのです。これから気づいていくことですが、ユースティルネスの知覚に気づきを解放すると、自分自身、そして自分の周りと深くつながっているという感覚が育まれます。あなたがいる場所こそがあなたがいるべき居場所だとはっきりとわかるようになり、それはとても心地よい感覚をもたらすでしょう。なかにはユースティルネスをすべての違いを結びつける究極の一体性《ワンネス》の知覚と呼ぶ人もいます。ユースティルネスに気づけば、あなたは矢を完全に引き、時が満ちればその矢は人生の的の中心に正確に高い確率で命中するでしょう。

別の言い方をするならば、ユースティルネスに気づくという美徳だけで、人生に必要なものをできるだけ少ない労力で、もしくは何もせずに得ることができ、そしてより多くの成功をおさめられるのです。それはあなたが今ここからすぐに立ち去り、ユースティルネスに日々気づくこと以外何もしなければの話です。

しかしなぜそんなことをする理由があるのでしょう？　まだこの本を読み終えていません。まだまだよいことはこれからたくさんあるのです。そしてあなたがユースティルネスを発見し、どのように〝使えば〟、もっとすばらしい的を選び、その的にいつも楽しみながら矢を命中させることができるのかをお伝えしたいと思います。

たとえばヒーリングなどはいかがでしょう？　ヒーリングを捻挫、関節炎、消化不良、高血圧、さらには慢性疲労、糖尿病、ガンなど深刻で慢性的な症状を含むあらゆる身体的不調に試してみたいですか？　自分のあらゆる肉体的苦痛に深く確実に効かせるだけでなく、他人にもペットにもヒーリングをすることが可能なのです。もっとすばらしいのは、ヒーリングの影響はあなたがユースティルネスに気づいた瞬間から始まるということです。

そしてまだまだあるのです。肉体的な痛みや不快感に使えるだけでなく、感情的な不協和音にも使えます。

人間関係はどうでしょう？　あなたの人間関係は完璧ですか？　ユースティルネスを人間関係に応用する方法、変容の理論を使いながら、今あなたがどこにいて、どこに行くべきで、どうやってそこに行くかを探っていくことにしましょう。ユースティルネスの中で決断をする方法だってお伝えします。

スピリチュアルな生き方についてはどうでしょう？　まだ気づいてないかもしれませんがユースティルネスは、普遍的な愛から仕立て上げた最高のスピリチュアルな装いをあなたにまとわせてくれます。

最後に、普遍的な愛とは何かについて話し、そのあと一緒に——一緒に一つになることが無限の愛が作用する唯一の方法なので——私たちの気づきを開き普遍的な愛に浸りましょう。

ここまでのまとめ

ユースティルネス・テクニック

・無のテクニックをおこないます（1分）。
・ユーフィーリング・テクニックをおこないます（1分から3分）。
・ユーフィーリングを楽な気持ちではっきりと見つめます。
・ユーフィーリングが完全な静寂《スティルネス》に溶けていくのを見守ります。
・ユースティルネスに気づきます（1分から3分）。
・思考が現れてきたら、楽な気持ちでユースティルネスに戻ります。
・さらに深い静寂をユースティルネスの中で見つめます（1分から2分）。
・身体全体、もしくは一部とユースティルネスに気づきます（1分）。
・ユースティルネスに戻り、目を閉じて対象物と空間とユースティルネスに気づきます。
・ユースティルネスとともに五感を使って歩き回りましょう。
・すべての創造物とそれを超えたものとユースティルネスに気づきます。

・座って目を閉じて、ユースティルネスに気づきます（1分）。
・ユースティルネスの中に浮かんでいるユーフィーリングを見つけます。
・目をゆっくり開けます。どのように感じますか？　知覚は変化しましたか？
・ユースティルネスに気づきます。ユースティルネスを探しましょう。そして、楽しみましょう！

第5章のポイント

- ユースティルネスの知覚とは、あなたを完全な調和の中で知覚することである。
- ユーフィーリングを通すことで、もっとも効果的にユースティルネスを探すことができる。
- ユースティルネスを確立するには、できるだけいろいろな形でユースティルネスに気づくこと。
- ユースティルネスは無理やりには感じられない。
- ユースティルネスに気づくと、分離を打開できる。
- ユースティルネスを、すべての違いを結びつける究極の一体性《ワンネス》の認識と呼ぶ人もいる。

第6章 ストップハンド・テクニック

不可能を消去して、最後に残ったものがいかに奇妙なことであっても、それが真実となる。

アーサー・コナン・ドイル卿『四つの署名』

あなたは新しいスキルを学んでいます。そう、ユースティルネスはこの世界を広く安定した視点から見ることができる簡単な知覚で、とても自然な方法です。というのも、あなたはユースティルネス・テクニックをおこなうために必要なものすべてをもち合わせてこの世に生まれているからです。お隣さんと会話をするのに必要なすべてをもち合わせて生まれてきても、話す方法は学ばなければ会話できませんよね？

ここでいい知らせがあります。ユースティルネスを人生に応用させることは、話す方法を学ぶよりもずっと簡単で、ずっと楽しいものなのです。

人生においてたった今、誰かと話すとき、歯、舌、口で音節を形成することをわざわざ考えたりはしません。ただ思考があり、言葉は花屋協議会の戴冠記念日のバラの花びらのようによどみなく口から流れ出します。へたな説明ですがわかりますよね。話すという行為は自然でも、話せるようになるまでは練習が必要でした。そして練習したからこそ「話す」というこの地球でもっともパワフルな道具の一つを手に入れたのです。

ユースティルネスは自然なものですが、学ぶためには練習が必要です。練習すればもっともパワフルな人間の知覚を手に入れることができます。それを心にとどめたところで、ストップハンド・テクニックをお伝えしたいと思います。ストップハンド・テクニックは、基本的なユースティルネスの気づきを促してくれるでしょう。

ストップハンド・テクニック

始める前に、数秒（もしくはそれ以上）ユースティルネスに気づいてください。ひじを少し曲げて腕を前に出し、手のひらを外に向けてください。警察官が交通整理で「止まれ」のサインをしているような感じにします。

手のひらの向こうにある物をすべて見ます。たとえば屋内にいるのであれば家具、本、小物、絵などが見えるかもしれません。手のひらの向こうに見える景色をなんとなく視界にいれます。

それでは目を閉じてみましょう。すると先ほどまで見ていた対象物の残像が心の中に少しの間残っています。ユースティルネスに気づきましょう。楽に、そしてはっきりと完全な静寂《スティルネス》に意識を向けます。すぐに心の中に見えているものよりもユースティルネスのほうが意識の中で力強くなってきます。ユースティルネスの感覚が強くなってくると部屋にあった物のイメージは消えていきます。

では次に、ユースティルネスと部屋にある物に意識を向けます。もしかすると部屋にあった物がユースティルネスそのものだと気づくかもしれません。それはまるで、静寂がそれらの本質であるようかのようです。そしてそれはまったくその通りです。

それでは目を開けてユースティルネスに気づきましょう。手を最初のように目の前に出して、手のひらの向こうにある物に気づきます。静寂さがそれらの中にあるのに気づきましょう。先ほど心の中で感じたように、実際に存在する物もユースティルネスでできています。

部屋にある物の中にユースティルネスがあるのを観察します。そのときに静寂に意識を向けます。すると部屋にある物よりもユースティルネスの気づきのほうがもっと強くなってきます。静寂が強くなるにつれて、周りの物は少し消えていくように感じるかもしれません。

この感覚はすぐにやってはこないかもしれませんが、ストップハンド・テクニックを目を開けて練習していくと、あなたの周りにあるユースティルネスにどんどん気づくようになってきます。それでは先に進みましょう。

今、あなたは目を開けて手を前に出した状態で、部屋にある物の中に存在するユースティルネスに気づいています。では身体の内側のユースティルネスに気づきましょう。すると身体の内側で心地よい感じ（ユーフィーリング）に気づくかもしれません。この心地よい感じを楽しんでもいいですが、身体の内側にあるユースティルネスのほうに気づきを向けます。

ではユースティルネスを身体の内側、そして部屋にある物の中に同時に感じます。そして再度はっきり、そして楽に、意識がユーフィーリングの中に入るのを許し、ユーフィーリングの感覚が、身体や部屋にある物より強くなるまで感じます。

次に身体、部屋にある物、身体と物の間にある空間に気づき、その空間の中にあるユースティルネスに気づきましょう。そして身体、部屋の物、空間の中にあるユーフィーリングに注意を優しく向けます。基本的に、まずユースティルネスに気づき、そのあとユーフィーリングに気づきます。

最後にユースティルネスが自分の中、自分の前、自分の周りすべてにあることに気づきましょう。

それでは、地球を取り囲む空間に、銀河に、すべての創造物に心を開き、向けていきましょう。それらすべてがユースティルネスに支えられ、またそれらすべてにユースティルネスが浸み渡っているのを観察します。

次に心をどんどん小さな存在のレベルへともっていきます。分子が原子で成り立ち、原子は粒子と波で成り立っています。ミクロの存在もまたユースティルネスに支えられ、ユースティルネスが浸み渡っているのを観察します。

それでは自分の中と自分の周りにユースティルネスがある部屋へと戻ります。静寂にはっきりと気づきます。そしてユーフィーリングが静寂の中で輝いているのに気づきましょう。それは平和、愛、歓び、エクスタシー、畏敬の念、もしくはそのほかのユーフィーリングかもしれません。気づきをユーフィーリングとともに心地よく保ち、その感覚を楽しんでください。


ストップハンド・テクニックは、ユースティルネスがあらゆる場所にどんなときも存在するだけでなく、ユースティルネスこそがあらゆる物、思考、感情の本質だと意識的に理解できるようにデザインされています。

それに加えストップハンド・テクニックは、ユーフィーリングがどのようにユースティルネスの中で輝くかを見せてくれます。この気づきの価値はほかの何にも代えがたいものです。また、ストップハンド・テクニックは、私たちを制限やありふれた日常から、まだ考えたこともない可能性へと気づきを開き、その中へと私たちを勢いよく投げ出してくれます。たとえば、ユースティルネスは、すべてが同じだという知覚を直接私たちに与えてくれます。あなたも〝私たちは一つである〟ということを聞いたことがあるでしょう。

　これはどういう意味なのでしょうか？　ほかの人を見てみてください。一人として同じ人はいませんし、一人として同じ思考をもっていません。ワンネス（oneness）はいったいどこにあるのでしょう？「私たちは一つだ」とは美しい哲学ではありますが、ワンネスを直接体験しなければそれは実用的な応用ができないただの非現実的な哲学です。しかしこれからは違います。ユースティルネスの知覚は、直接二人の人間は同じだという体験をさせてくれるだけではなく、木、ハチそしてひざのくぼみにいたるまであらゆるすべての創造物は同じだと体験させてくれます。

「すべては同じだと気づくことにいったいどんな価値があるの？」とあなたは思うかもしれません。なかなか優れた洞察力をもった読者ですね。その質問に拍手を送ります。自分と相手、または自分とほかの物が同じだと認識できれば、相手やその対象物に対する恐れがなくなります。そうではありませんか？　私たちは自分に似たものを集めようと努めます。私たちは似たものに囲まれたほうがずっと心地よくて安心だと感じますよね？

　では、ユースティルネスの中に完全に入っていたときを思い出してください。すべてと一体となってくつろいでいるように感じませんでしたか？　恐れや怒りが入り込む余地はありましたか？　ユースティルネスに気づいていると嫉妬や復讐心を感じることは不可能なのです。

　数多くあるユースティルネスの効果の一つにしかまだ触れていませんが、これだけでもすごいことです。この世で人は恐れから自由になるためなら何だってやると思いませんか？　恐れなしに生きる方法が自分の中にすでに存在するとはなんとも皮肉なことです。

世界中の人が一日だけユースティルネスに気づいたら、いったいどんなことが起こるか想像してみてください。そして20年もかけずに、今すぐに恐れのない毎日を簡単に得られると、一人ひとりが知ったときのウキウキ感を想像してみてください。ああ、そうなったらどんなにすばらしいでしょう。

一度ストップハンド・テクニックができるようになると、どんな場所にいても目を開けてできるようになります。私は床屋、ジム、チャンキー・モンキーアイスを冷凍庫からひとすくい余計にこっそりとり分けているとき、そしてそのほかとても面白い場所や時間帯でおこなったことがあります。楽しむことを忘れないでください。

しかし最初は、ストップハンド・テクニックを目を閉じられる静かな場所で練習したいと思うかもしれません。そして、ストップハンド・テクニックは一日数回おこなうことをおすすめします。最初はユースティルネス・テクニックが終わったあとに付け加えてもよいでしょう。目を開けてユースティルネスを感じるのに熟練してきたら、短縮したセッションにしてもかまいません。練習すれば、一瞬でユースティルネスをあなたの周りすべてに感じられるようになるでしょう。そしてそのあと、ユーフィーリングを感じて終了です。かかった時間はたったの3秒。試してみてください。いつでも実践して楽しんでください。それ以外の方法などありません。

ここまでのまとめ

ストップハンド・テクニック

・ユースティルネスに気づきます。
・手で「止まれ」の形をつくります。
・手のひらの前にある物に気づきます。
・目を閉じて心の中に映った物に気づきます。
・ユースティルネスが心に映る物より強くなるのに気づきます。
・ユースティルネスと心で見ている物に気づきます。
・目を開けてユースティルネスに気づきます。
・手のひらの前にある物に気づきます。
・目の前にある物よりユースティルネスが強まるのに気づきます。
・身体中のユースティルネスに気づきます。
・身体中、見ている物のユースティルネスが強まるのに気づきます。
・身体中、見ている物、その間の空間のユースティルネスが強まるまでユースティルネスに気づきます。
・自分の周りすべてと自分の中のユースティルネスに気づきます。
・すべての創造物のユースティルネスに気づきます。
・ユースティルネスの中にあるユーフィーリングに気づきます。

第6章のポイント

- ユースティルネスは自然だが、気づくには少し練習が必要である。
- ストップハンド・テクニックは、ユースティルネスの基本的な気づきを与えてくれる。
- ストップハンド・テクニックは、ユースティルネスがすべての物、思考、そして感情の本質であり、あらゆる場所に常に存在すると意識的に気づくようにデザインされている。
- ユースティルネスに気づいているときは、恐れ、嫉妬、そして復讐心を感じるのは不可能である。
- 練習すれば瞬時に、周りの物すべてにユースティルネスを感じることができる。

第7章 ユースティルネスで癒す

自分の発言に後悔したことはよくあるが、
沈黙に後悔したことは一度もない。
クセノクラテス
（紀元前396-314）

友人とテニスをしているところを想像してみてください。彼女はあなたのドロップショットを受け止めるためにフォアコートに踏み込むと足首をひねってしまいます。激しい痛みに叫び声をあげた彼女は、そのショットを打ったあなたを怒りに満ちた眼差しで見ています。

数分もしないうちに、彼女の足首は腫れあがり、紫色になり、痛みが脈打ち始めます。あなたは優しく彼女の足首を手で包み、ユースティルネスに気づきます。すると数分で腫れやアザは消え始め、痛みはただの記憶になるでしょう。こんなことができるようになりたいですか？　実はもうできるようになっています！　一度、癒しの原理を理解してしまえば、なぜみんなこれをいつもやっていないのだろうかと思うようになるでしょう。

それではここから数行にわたり、どのようにして癒しが起こるのかを説明し、そのあと肉体的、感情的不調和をどのように癒すのかを学びましょう。

苦しみが肉体的なもの、科学的なもの、または感情的なものなど、どんなものであれ、癒しは休息することなしには起こりません。癒しに休息とはどういう意味なのでしょう？　休息とは活動を十分に減らし、痛めた場所を再組織化させるということです。つまり、患者が手術台の周りを走り回っていては心臓手術はできませんよね。

さほど難しくはありませんが、原理をよく理解するために、先ほどの足首を捻挫した友人の話へと戻りましょう。もし彼女がテニスのプレーを続行したら、怪我はそのまま治るでしょうか？　もちろん治りません。プレーするという活動を続けるかぎり、自然に調和して起こる治癒のあらゆるプロセスは妨げられてしまいます。

このように見ることもできます。癒しは休息から始まります。休息とは〝活動が少ない〟状態です。活動が少ないと、より調和があります。まったく活動がないのは完全な調和です。ユースティルネスとは絶対的な静寂《スティルネス》で、完全な調和です。ユースティルネスが癒しを起こすのに完璧な環境をつくりだせる理由の一つがこれです。

すごいところは、ユースティルネスに気づいた瞬間に自分の中と周囲に癒しの場をつくりだせるところです。ほかに何もする必要はありません。外科手術の方法を知っている必要もなければ、薬を調合することも、菱形筋をマッサージする必要も、鍼灸針を刺す必要も、天使やヒーリングエネルギーを使う必要もないのです。これらすべてはユースティルネスに気づいたあとにやってくるものです。もしあなたがユースティルネスに気づく外科医であれば、あなた自身にとっても患者さんにとっても、最高の外科医になるでしょう。

癒しには実にたくさんの領域があり、あらゆるレベルと種類のヒーリングが存在します。文字通り、何千何百ものヒーリング技法が存在し、それぞれにそのヒーリングに対応する哲学と方法があります。中にはとてもシンプルなものもあれば、とても奇妙なものもありますが、ここではそれらを気にしません。なぜなら私たちはヒーリングの技法について語っているわけではありませんから。

私たちがここで話しているのは、規則正しく、完全でやすらかな気づきであり、それによって癒しは自動的に努力を要することなく起きるということです。ご自分で試してみてください。きっと驚くと思います。

癒しを起こすユースティルネス・ヒーリングテクニック

・事前テストで痛みのレベルを測定します（10…耐えられない痛み、0…症状なし）。
・手で軽く相手に触れます。
・相手に、心はさまようままにしていいと伝えます。

・ユースティルネスに気づきます。
・2分から3分、もしくはもっと長く続けて相手にどんな感じがするかをたずねます。
・さらに2分から3分、もしくは症状が消えるまで続けます。
・再度0から10で痛みのレベルを測定します。

たったこれだけです。自分と相手のフィードバックのためにもこのテクニックをおこなう前と後で痛みのレベルを測定することをおすすめします。

始める前に、痛みが0から10の間でどれくらいか測ってもらいます。10が耐えられない痛みです。痛む場所を動かしてもらい、可動域をチェックするのも忘れないようにしてください。

そしてセッションが終わったら、再度0から10で痛みのレベルを測り数値を出してもらいます。ほとんどの場合、数値は下がっています。そしてもしすぐに結果が出なくても、1時間ないしは2時間、ときにはもう少し時間が経過したころで結果が出るでしょう。私も今までに、セッション後数日たってから何年もあった痛みが完全になくなった、と連絡をもらったことがあります。

セッションの長さは自分で決めてかまいません。数分のときもあれば、慢性的な症状の場合は1時間ほどかかるときもあります。

大事なのは、癒しを起こす施術者側は触れる以外何もおこなわないということです。そうです。ユースティルネスに気づいたらヒーリングが起こるように努力してはいけません。ヒーリングが起こるように意図する必要などありません。エネルギーが作用するように誘導したり、癒しを起こすために自分以外の誰かに協力してもらう必要もありません。ユースティルネスで癒しをおこなう際にはおそらく「何もしない」というのが一番大変かもしれません。ユースティルネスに気づいたら……何もしないでください！　理由は次の通りです。

あなたの身体はすでにどうやって自分を癒すか知っていますよね？　癒しに関して、私たちが身体以上に何か知っていると思うのはエゴのもっともエゴたるところです。指を切ってしまったとき、実際の治癒にいったいどれだけあなたがかかわっているというのでしょう？　まったくかかわっていません。炎症反応が起こり、血小板は必要な場所へあなたの助けなど必要とせずに向かいます。かさぶたができて、あなたの干渉などなくても治癒は進みます。残念ながら、癒しに必要な条件が揃ってしまえば身体はあなたの助けなど必要としないのです。

あなたが相手に軽く触れ、ユースティルネスに気づくと、癒しにとって最高な環境をつくりだします。あなたはそのとき与えられるもっとも深いレベルでの休息を体験し、そこに一緒に存在することで、相手もとても深い休息を体験するのです。ただユースティルネスを楽しみ、身体が自分で治癒できるもっとも深い癒しの調和を引き出せるようにしてください。

しかし、誤解しないでください。完全に治癒するにはユースティルネスだけでいいと言っているのではありません。ただ、ユースティルネスに気づくことがもっとも重要な最初のステップなのです。先ほども言ったように、ユースティルネス・テクニックをおこなう際には、別の何かと組み合わせないでください。祈ったり、意図したり、自分の周りを白い光で包んだり、ポジティブなエネルギーをつくりだそうとしないでください。それらはユースティルネス・テクニックをおこなったあとにやってください。

癒しを助けるために、ほかのヒーリングの手順を守るなと言っているのではありません。たとえば、足首を捻挫したあなたのテニスの相手ですが、足を上げたり、アイシングしたり、包帯を巻いてあげることもできます。これらすべては癒しを助けるものです。

しかし、休息しなければ効果は乏しくなります。もっとも深い休息は、ユースティルネスに気づくことで与えられるのです。ですから、治癒のプロセスの助けになるものはすべておこなってください。ただし、ユースティルネス・テクニックそのものに何かを付け加えたり、勝手に変更することはしないでください。ユースティルネスは深い休息を与えるという意味でも、すべてのヒーリング行為に必要不可欠です。

医療従事者から治療を受けている場合は特にそうです。たとえば、高血圧で医師にかかっていれば、医師の指示を聞きつつ（医療従事者の指示は適切に守りましょう）、ユースティルネス・テクニックをおこないます。こうすることで、より早く完全に癒えるでしょう。それに加え、薬の効果も高まり、副作用は減ってくるでしょう。

もし血圧に問題を抱えているのなら、5分間のユースティルネスセッションをおこなう前と後で血圧を測ってみてください。少しの時間で血圧が平均値に向かっているのがわかると思います。低血糖症や糖尿病でも同様です。血糖値もユースティルネスをおこなう前と後で測定すると、結果に驚くでしょう。

自分のためにユースティルネスをおこなうのもとても簡単です。セッションをおこなう前に痛みのレベルを測定し、座った状態で5分ないし、もしくはもっと長くユースティルネスを楽しんでください。そして再度測定します。それでおしまいです。必要なのはたったそれだけです。

最初は、ユースティルネスで自分を癒すのは、ほかの人を癒すときより効果的ではないかもしれません。自分のこととなると感情に巻き込まれてしまうので、ユースティルネスから注意が離れてしまうからです。しかし、心配しないでください。練習を重ねるにつれ、特定の結果を求めるのではなく、自然に任せ、受け入れられるようになります。

ユースティルネスからおこなうヒーリングの効果は、ヒーリングをもっとも必要としている場所へと優先的に現れます。ですから、一番悩んでいた症状だけではなく、それ以外の症状も努力することなく消えていくのを感じるかもしれません。本当にこれはすばらしいプロセスなのです。

ユースティルネスで感情を癒す

ユースティルネスは身体的な問題にも最適ですが、感情的なことに関してはさらに効果があります。感情にユースティルネスセッションをおこなう方法は次の通りです。

・事前に感情の不快感の測定します（0から10）。
・手で軽く相手に触れます。
・相手に、心がさまようままにしていいと伝えます。
・ユースティルネスに気づきます。
・2分から3分、もしくはもっと長く続けて相手にどんな感じがするかをたずねます。
・さらに2分から3分、もしくは症状が消えるまで続けます。
・再度測定します。

もうおわかりだと思いますが、ユースティルネスを使ってヒーリングする方法は感情も身体もほとんど同じです。しかし、一番の大きな違いは、セッションの前の測定をおこなう際に相手の感情的問題を聞かないことです。

もう一度言います。いったい何が問題なのか聞かない、そして言わせないようにしてください。相手が話したいと思っていても、あなたによけいなお荷物は必要ありません。驚くことに、ユースティルネスセッションは深い休息によって相手の問題を知っていようがいまいが関係なく作用します。それは、あなたではなく彼らの心そのものが癒しを起こしているからです。ただ必要なのは十分な静寂《スティルネス》です。これこそが、混沌とした恐怖に煽られ、目標に突き進まなければならないこの世界で生きる私たち全員が必要としていながら、ほんのひと握りの人しか得られていないものなのです。

ではメロドラマはここまでにするとしますが、相手の感情的問題を背負うなという件に関しては本気です。相手に失礼にあたると思っても聞かないでください。あなたにとっても相手にとっても必要なことではありません。あなたは相手がもっとも必要としていること、ユースティネスと一緒に充実した時間を過ごせる機会を与えているのです。これこそが人に与えることのできるもっとも深い癒しであり、最高の贈り物なのです。

ぜひ思いつくまま自由な発想をもってください。ユースティルネス・テクニックをあらゆる形で使い、癒す方法を考えてみてください。相手に触れずに癒せるでしょうか？　遠く離れていてもできるでしょうか？　相手が寝ていたり、昏睡状態でも効果はあるでしょうか？　子どもたちにはどのような効果があるでしょうか？　ペットはどうでしょう？　グループでおこなえば癒しの効果は高まるでしょうか？　木や無機物に対してユースティルネス・テクニックを使ってもいいのでしょうか？　飢えや食べ過ぎといった症状をサポートすることはできるでしょうか？　睡眠や不眠症はどうでしょう？　経済的な心配事にユースティルネスは使えるでしょうか？

実はこれらは、ユースティルネスを使って起こせる癒しのほんの一部にすぎません。これらに関してはすでに以前の著書でくわしく述べたので、ここで特に復習する内容はありません。私の以前の著書では「クォンタム・エントレインメント（QE）」、「ユーフィーリング」の気づきを基本としたすばらしいテクニックが紹介されています。ユースティルネスを学ぶことで、すなわちユーフィーリングの中にある静寂《スティルネス》に気づく方法を学ぶことで、あなたはさらに洞察に満ちたより効果のある学びを得ることができるのです。

「クォンタム・エントレインメント」や「ＱＥ」という言葉を私の別の本で見かけたら、それをユースティルネス・テクニックに置き換えていただいてかまいません。ユースティルネスはクォンタム・エントレインメント（ＱＥ）を包括しつつそれ自体を超えたものです。

【著者注】もし私の過去の書籍で一番お値打ちなものを求めているのであれば*"The Kinslow System : Your Path to Proven Success in Health, Love, and Life"*（『ザ・キンズローシステム：健康・愛・人生への成功が約束された道』ナチュラルスピリットより刊行予定）をおすすめします。この本はそれ以前の書籍に書かれているＱＥの体験やテクニックがすべて紹介されています。哲学的にはさほど深くは掘り下げていませんが、追加の体験談、応用方法、そしてほかの書籍にはない内容が書かれています。キンズローシステムに関する情報は、私たちのウェブサイト（巻末参照）でご覧になれます。

最低でも毎日一回ユースティルネスを使ったヒーリングをおこなうことをおすすめします。自分のためでもいいですし、誰かのためでもかまいません。相手が別の街や地球の裏側にいても大丈夫です（あ、先ほどの質問の答えがもう一つ出ましたね）。他人に対してユースティルネスをおこなえばおこなうほど、あなた自身もさらに癒しを受け取ります。

ここで秘密をお教えしましょう。あなたが誰かのためにユースティルネスでヒーリングをおこなうとき、あなたは相手に与える以上の恩恵を常に受け取れるのです。また、誰かとユースティルネスを一緒におこなうとユースティルネスとユースティルネスのヒーリング効果はさらに強まります（なんてこと！　また質問に答えてしまいました。そもそも秘密にしておくつもりなどありませんでしたが）。

ですから、どんどん好きなだけ広めてください。契約成立でしょうか？　すばらしい！　ただ、もし簡単で面白くなければユースティルネスではないことをお忘れなく。

それでは静寂の中でまたお会いましょう……。

第7章のポイント

- 癒しとは活動を減少させること。もしくは十分に深い休息をつくりだし、痛めた箇所が再組織化されるよう促すことをいう。
- 休息こそが普遍的なヒーラーである。休息が深ければ深いほどより深い癒しが起こる。ユースティルネスの気づきこそが、私たちが得られるもっとも深い休息である。
- ユースティルネスでヒーリングをおこなう側は、ユースティルネスに気づく以外「何もしない」こと。
- あなたの身体はどうすれば癒されるかすでに知っている。必要なのは深い休息だけである。
- ユースティルネスに気づくことが、癒しの手順の第一歩である。
- 肉体、感情、遠隔、自分自身に対してなど最低でも一日一回ユースティルネスを使ったヒーリングをおこなう。

第8章 ポジティブ思考のネガティブな面

どうにかよくしようとする努力が、そもそも間違っている。
オリバー・バークマン

ここまで、いくつかの新しい考えを一緒に探求してきました。それらは自然で、シンプルで、簡単ですぐに応用できるものでしたね。

たとえば、何年もの時間を費やすことなく数秒で心に存在する思考を消してしまうことは、現代から伝統的な教えにまで真っ向から反するものでした。また、あなたの中にずっと存在していたユースティルネスに気づくことで、幼いころからもち続けていた傷ついた感情をあっという間に消してしまうことも学びました。

そして、ただ意識をふとユースティルネスに向けるだけで、他人を癒すことができるという事実はどうでしょう？　あなたと私、すなわち私たちは、私たちの人生の質をそこなう古臭くて衰えた世界観を払いのけるためにお互いの手を取り合いました。あなたは一歩一歩この優れた教えが本物だと証明してきましたね？

まずこれをきちんとお伝えする必要があると思ったのは、ここから探求していくことは事実にもかかわらず、根強い反対にあったからです。疑似科学コミュニティーが気をもんでいる内容とはいったい何でしょうか？　それは、ポジティブ思考のネガティブな影響です。

彼らがポジティブ思考について語るとき、「引き寄せの法則」の唱道者も含まれることを強調させてください。彼らの多くはまるで、宇宙への鍵をあなたに与えているかのように熱烈にこの法則を伝道しています。彼らはポジティブ思考のスイッチさえ入れれば、物質的な豊かさと繁栄の道へと、崇高な意思をもつ天使たちがバラの花びらをまいて導いてくれると感じさせてくれます。同様に、引き寄せの法則とは「好きなことを増やせば好きなことが増える」という意味なので、ポジティブな思考はポジティブな結果を生み出すと彼らは言います。そしてこれは物理学の原理にしっかり支えられているとも……。

基本的に彼らは、引き寄せの法則においては、思考が物質世界をコントロールできると言っています。驚かれるかもしれませんが「引き寄せの法則」は物理学的にも、そのほかの科学的法則にも存在しません。このポジティブ思考の流行は科学的根拠に欠けているのです。

思考が物質世界をコントロールするという考えの最新版は、とても有名ですが誤解されて伝わってしまっている量子物理学の「二重スリット実験（訳注：粒子と波動の二重性を典型的に示す実験）」からきています。この古典的実験は、「実験の結果は、観察者の観察結果によって左右される」というものです。簡単に説明すると、科学者が光子《フォトン》を観察すると、あるときは粒子と観察され、またあるときは波と観察されるというものです。ここであまり専門的な話をしたくありませんし、私の言いたいことを説明するにはそれは必要ではありません。グーグルで「二重スリット実験」と検索して基本を知ることはできますが、私が言いたいのは次の通りです。

科学者が粒子、または波を「観察した」とは言えますが、科学者が粒子や波を「創造した」とは言えません。科学者が観察することにより、実験結果になんらかの影響は与えましたが、結局のところ科学者はすでに創造されたものをただ観察していただけなのです。観察者の観察により光子が粒子、もしくは波と測定されましたが、観察することによって粒子や波をダブルベーコンチーズバーガーに変えることはできませんでした。わかりますか？

この誤った考えをさらに突き詰めると、引き寄せの法則の熱烈なファンは、科学者がミクロな素粒子レベルで物質を思考によりコントロールできるのであれば、私たちは車、火星、ジャムのビンなどマクロレベルで物質をコントロールできると鼻高々に言います。これは実験検証の土台もないかなり大きな誘導的飛躍です。

二重スリット実験をおこなった科学者は、一つの素粒子を観察しただけです。あなたの夢の家を現実化させるのは、一つの光子を観察するのとは比較的にならないほど複雑です。夢の家は、想像もできない数の素粒子が原子になり、それが分子になり、そしてそこからレンガ、パイプ、壁、電線、アルミニウム板材などになり、家となります。あなたは本当にこれだけの粒子を正しく観察して夢の家を現実化させられますか？　もしできるならフェラーリの新車を私のために〝思考〟してもらっていいですか？　打てる手はすべて打っておきたいもので……。

「違う。体系化する宇宙のパワーがやってくれる」と引き寄せの法則信者は言います。宇宙には規律があるのは当たり前であり、そのパワーを個人の意思のためにいかようにも曲げたられたものがそのうち現れると……。

ここに学ぶべき重要なレッスンがあります。それは「観察」対「コントロール」です。私は二重スリット実験の科学者の立ち位置を好みます。彼は、体系化する宇宙の力を畏敬の念とともに観察する観察者です。それで十分ではないでしょうか？　自然に湧きあがる愛や笑い声とともにあるすばらしい歓び、そして美しき私たちの世界はいつもここにあるというのに、いったいどんな空虚感からいつも自分の世界をコントロールしたいと思うのでしょう。

想像したり、計画したり、コントロールしたりする能力は私たちが生き残るには本来必要なのは明らかです。これらは健全な人間である特徴でもありますし、これにより人としての生存は確かなものとなり、動物界において人間は頂点へとのぼりつめることができました。

しかし、もう一つの種類のコントロールは、常軌を外れ、不満、分離そして恐れから生まれています。苦しみから逃れたいと思うのは当たり前です。そしてその苦しみが続いていけば、疲労困憊した心は非現実的で有害にもなりえる安堵感を求めてしまうこともあるでしょう。充足感に満ちた魂のコントロールは、施しを与え、遊び心があり、人生を支えるものです。そこには、パニックになり苦しんだ魂の緊迫性、無我夢中さ、そして満たされた希望は見受けられません。

いい知らせは、苦しんでいる魂は、苦痛から逃れるためにどこかに行く必要などないということです。永遠のやすらぎは内側以外に見つけることはできません。誤った方向に進んでしまった心が正しい道に戻ると、どうにかしたいという衝動は置き去りにされ、どんなに状況が混沌として厳しく見えたとしても、今ここにやすらぎを見つけられるでしょう。

ではなぜポジティブ思考には科学的根拠がないのに、こんなにも人気があるのでしょう？　ポジティブ思考は現代の科学理論を超えたもっと秘儀的な「宇宙」の法則や、スピリチュアルな法則が作用するのでしょうか？　確かにそのようにほのめかしてはいますが、そこにもやはり何の根拠もありません。では、ポジティブ思考はどのような効果があるのでしょうか？　短く言うと、何の効果もない！　になります。少なくとも、今まで紹介されていたような形では効果はありません。あなたが思っている以上に、ポジティブ思考の不十分さを暴くことで得られることは多いのです。ほんのちょっと表面を削って見るだけで、不十分さを知ることがどんなに現実的で有効なのかがわかるでしょう。

それではやってみますか？　使いものにならないものは捨て、もっと実用的で実際に効果があるものに入れ替えてみますか？　では始めましょう。

まず最初にポジティブ思考のネガティブな影響について検証し、実際にポジティブな感覚をつくる方法……そうですね。ポジティブ思考の複雑さを解明するまで、さらなる充足感を得るための土台作りをするのは待つことにしましょう。

私たちは誰もがポジティブ思考と引き寄せの法則のすばらしい効果を耳にしたことがあります。たとえば、ちゃんと正しく思考すれば完璧なパートナーを得られたり、宝クジに当選するなどです。よく耳にする話ではありますが、ではいったいこれがどれくらいの頻度で起きていると思いますか？実はまったく頻繁には起きておらず、正しく思考すれば願いが叶うという有意性を統計学的に説明するには不十分です。

視点を変えてみましょう。引き寄せの法則の効果はどれくらいありましたか？実は引き寄せの法則は、失敗するほうが成功より多いのです。あなたもそんな体験をしませんでしたか？実際のところ、引き寄せの法則で世界を操れる効果は、物ごとがただ偶然に起こるのと対して変わらないのです。もし本当に引き寄せの法則に効果があるのなら、全員がこの法則を使いユートピア的な暮らしを送っているはずです。

ではなぜ、ポジティブ思考の成功体験をよく耳にするのでしょうか？これは〝黄色いフォルクスワーゲン現象〟にほかなりません。運転中に助手席に座った相手がふと、「ねえ、知ってる？黄色いフォルクスワーゲンを見た次の日は臨時収入があるんですって」と言います。すると、急にあなたは黄色いフォルクスワーゲンを道路で、駐車場で、そして夢の中まで、あちらこちらに見かけるようになるでしょう。

さて、これは臨時収入が欲しいというあなたの欲がどこからともなく黄色いフォルクスワーゲンを現実化させたからでしょうか？　黄色いフォルクスワーゲンを見たこと自体が、引き寄せの法則があなたのために作用したことを証明したという人も中にはいるでしょう。それとも、これはあなたの意識がすでに存在していた黄色いフォルクスワーゲンに向けられたために気づいたのでしょうか？

「オッカムの剃刀」（訳注：「ある事がらを説明するためには、必要以上に多くを仮定するべきでない」というスコラ哲学者で神学者のオッカムの仮説）を知っていますか？　引き寄せの法則のポジティブ思考の波長が宇宙に反響し、黄色いフォルクスワーゲンの波動が次の停止信号の左レーンに完璧な形で黄色いフォルクスワーゲンが現実化されるように仕向けたのでしょうか？　それともフォルクスワーゲンに対する意識が高くなったため、ずっとそこにあったワーゲンに気づいたのでしょうか？　どんどん話が手に負えなくなってくるのがわかりますか？　しかしまだ先があります。

科学的技術とは再現性がものを言います。同じ手順を踏んで、ほかの人が出した結果と同じ結果を再現させなければなりません。逸話的証拠は別として、意図することを含むポジティブ思考に再現性は見られません。ではここでもっとも明確なたとえを見てみましょう。

２００７年、読者に向けて「体験した者の人生を変容させる驚愕の啓示」を保証する内容が書かれているというある本が出版されました。特定はしたくはないので、ここで本のタイトルは書きません。それは私の「秘密《シークレット》」にしておきましょう。この引き寄せの法則に基づいた本の成功は驚異的でした。著者言わく、この成功こそが本の教えの完璧な例だそうです。この著者はその後続編を出版しましたが、最初の本の評判とは違い、成功を収めることはありませんでした。

さて、ここで質問です。「著者は一冊目より二冊目が**成功しない**という意図をもっていたのだろうか？」私が言いたいことがわかりますか？　引き寄せの法則のマスターである著者が、法則が成功しないように法則を発動させたり、もしくは引き寄せの法則に精通しているにもかかわらず、効果を出せないなんてことがあるのでしょうか？　みなさんはどう思いますか？

もしポジティブ思考が無害で意味のない心の戯れであるのならば、それはただの馬鹿げた時間の無駄使いですむ話です。しかし、ポジティブ思考は無害ではないのです。皮肉なことにポジティブ思考は心理的にネガティブな反動をともないます。この意外な真実に驚く方もいると思いますが、カラクリを理解したら自分の体験からもそれが真実だとわかるでしょう。

それでは少しの間、このネガティブな影響と、これをどのように克服するかについて探求していきましょう。ここで私たちはポジティブ思考を「なくそうとしているわけではない」ということを、覚えておいてください。そんなことをしようとするのは馬鹿げています。私たちは誤った使用法によるポジティブ思考のネガティブな影響を取り除こうとしているのです。そしてそのために必要な完璧な道具はすでにもうもっているのです。

しかしその前にまず、他者がポジティブ思考のネガティブな影響についてどのように語っているかを検証していきましょう。

シカゴ大学の研究者、アイエレット・フィッシュバックと韓国ビジネススクールの研究者ジンへ・

チョイの研究によると、目標に焦点を合わせると、今おこなっていることに対する喜びが「減少」することがわかりました。満足感が少ないのは、目標に向かう能力が減少するからです。

被験者たちは、ジムでトレーニングするようにという指示が与えられました。一つのグループは、たとえばトレーニングとしてランニングマシンで走る、などという目標を決め、それに焦点を当て、もう一つのグループは目標を設定せずにトレーニングの体験そのものに焦点を当てました。結果として目標を決めて、それに焦点を当てていたグループについては、より熱意はありましたが、目標を設定していないグループに比べて成功しませんでした。付け加えると、目標志向のグループはそうでないグループに比べトレーニングを単なる労力と捉えていました。どうやら目標ばかり見ていると、今やっていることを楽しむという能力が減少するようです。今ここにある現実を見るよりも、ポジティブな結果という幻想の中で生きてしまうのです。

スタンフォード大学で一番人気のクラスを教える心理学者、ケリー・マクゴニガル博士は彼女の著書『スタンフォードの自分を変える教室』（大和書房）の中で、決心やアファメーションは、そのときの気分は上げてくれても、非現実的で楽観的な期待を未来に抱かせると語っています。それはある種の満足感やくつろぎ感を私たちに与え、今と未来に対する現実的な考えを失わせます。決心やアファメーションは、目標を達成するために軌道修正する意欲を失わせてしまうのです。目標を達成できないと、私たちは罪悪感や不満を感じます。自分に厳しければ厳しいほど、成功するのは難しいのです。そしてその厳しさが大きな失敗の原因となります。

ニューヨーク大学のヘザー・バリー・カップスとハンブルグ大学のガブリエル・エッティンゲンがおこなった研究でも、ポジティブ思考がエネルギーを低下させ、乏しい成果に終わるという研究結果を発表をしています。ポジティブ思考が乏しい結果に終わる理由は「(ポジティブ思考は) 望む未来を追求するのに必要なエネルギーを生み出さない」からだと言及しています。

しかしここで終わりではありません。エッティンゲンは被験者に目標達成を妨げる現実的な問題を考えてもらいました。要は、被験者は適量の現実を絵に描いた餅に注入されたというわけです。ポジティブ思考では、これはネガティブなこととして捉えられます。しかし結果はどうでしょう? エッティンゲンの研究では、目標達成を妨げる事がらを考えた被験者のほうが、ポジティブな結果のみに焦点をあてた被験者よりも優れた結果を出したのです。

ネガティブなことは現実としてあります。ネガティブにも価値はあります。その存在を否定したり、その影響を引き寄せの法則ゲームで中和してもいいことなど何もありません。ネガティブなことを中和しようとする人たちは、今、この瞬間を生きることに疲れるだけでなく、失敗の連続の中、成功する気分を保つためにおびただしい量のエネルギーを生み出し続ける必要があります。彼らの顔に強制されたつくり笑いや恐怖に怯えた目をあなたは見るでしょう。彼らは進化の力が反対方向に作用しているのをわかっていても、やめる方法を知らないのです。やめたほうがいいことも知りません。これは砂の城に波が押し寄せてきているのに、その城をずっと完璧にとどめたいと必死に波にあらがうことに似ています。

一見誰にもわからないようにひっそりと、ポジティブ思考に反抗する文化もゆっくりと活発化してきています。私は最初、ネガティブ思考の擁護者たちは、ただ反発しているだけだと思っていました。白砂糖のように甘いポジティブ思考に対する一種の負け惜しみだと思っていました。しかしまったくそうではなかったのです。

聞いてください。彼らは砂ぼこりが舞うパルテノンの道をサンダル履きで足音を響かせていた古代ローマ人の中にも存在したのです。ストア哲学というアリストテレスの死後少しして開花した流派の話です。"*The Antidote : Happiness for People Who Can't Stand Positive Thinking*"（解毒剤：ポジティブ思考が耐えられない人が幸せになる方法）の著者であるオリバー・バークマンによると、ストア哲学の理想とする心のあり方は内なる平和であり、あふれるような幸福感ではないと語っています。これは重要な点です。彼らはネガティブな事がらをあからさまな楽観主義で埋め合わせ、中間地点に落ち着くよう応用していたのです。ストア哲学は論理を通して、動きの中で発見されたニュートンの運動の第三法則を探し求めたのです。そうです。彼らは釣り合いを取ることを求めていたのです。バークマンによると、「最悪の事態が起こるという思考を避けるのに苦しむより、そこに没頭し、しっかりと見つめれば最悪の事態は積極的に助けてくれる」とも言っています。そのために彼らはネガティブな視覚化を取り入れています。

ネガティブな視覚化は次のように作用します。私たちは自分が楽しい、大好きと感じることを見つけてもすぐに順応し、それらはやがて同じレベルの幸福感を与えることはなくなります。それが最新の製品でも、めちゃくちゃすごいスマートフォンでも、愛にあふれいつも支えてくれるパートナーだとしても、しばらくすれば興味は薄れ、楽しむ気持ちも落ち込んでいきます。幸せをもたらしてくれるはずの対象物はうしろに追いやられ色あせていくのです。

ネガティブの視覚化とは、ある存在がなくなった状態を考慮するようにと指示します。たとえば、人生からスマートフォンやパートナーがなくなったらどうなるだろうと想像します。幸せをもたらしてくれる対象物に意識をもっていくことで、興味や楽しむ気持ちを蘇らせるのです。失うかもしれないという気持ちを思い出すと、自動的にそれらをありがたがる気持ちが増します。

ネガティブな視覚化は、ポジティブ思考よりさらに実のある長所があります。それは心配事を減少させてくれるというものです。ポジティブ思考は、求めているものがすでに手に入っているように視覚化せよと促します。これは幻想するエネルギーを保持し続けなければなりませんし、視覚化しているものを失う恐怖と常に戦わなければなりません。この現象は特に「いつも幸せ」な人々に顕著に現れます。彼らは明らかに誇大な幸福感を全面に出し、まるで生命維持に必要な栄養を探すレーダーのような大げさな笑顔を発しています。

しかし彼らの目には諦めがうかがえます。目のまわりの筋肉は歪み、締めつけられています。自発的な命のきらめきではなく、彼らの目の奥深くに恐怖に煽られた、うろたえを見つけるでしょう。彼らの恐れとはいったい何でしょう？　それは幻想を失う、そもそも手に入れたことがないものを失うという恐れです。そもそも手に入れたことがないものを失う恐怖を味わうとはどんなに不安か想像してみてください。

失う恐れはたいていいつも大げさです。何かうまくいかないのではないかと心配して、案の定うまくいかなかったときに思っていたより悪くなかった、と感じたことが何度かありませんか？　たいていの場合がそうなのです。ネガティブな視覚化は実際に失うことに焦点を当てることで、未知なるものに対する恐怖を軽減、もしくは取り除きます。可能性に対し、より現実的な洞察力を与えてくれるのです。空高く城を建てたら、地上まで落ちてくる距離は長くなります。ストア派の哲学者はもっと地上に近い場所で生きるように促すでしょう。しかし前述した通り、しっかりと地に足をつけているかぎり、空想にふけっていてもかまわないのです。

あなたは「ストア派のネガティブでポジティブを中和する方法が、ポジティブ思考者のポジティブでネガティブを中和する方法とどう違うの？」と言うかもしれませんね。充足感を求める人たちにとって、そこにはほんのわずかな違いですが、非常に重要な違いがあります。ポジティブに思考する人はネガティブな事がらをポジティブな事がらに置き換えようとします。これは一種の現実逃避です。

ストア派やネガティブを強調するそのほかシステムは、ポジティブな感情に置き換えることはしません。どちらかと言えば、ネガティブとポジティブの両者が存在することを理解しようと努力し、それによって幸せを得ようとする苦しみから自由になろうとします。言い換えるならば、彼らは両方の世界を繋ぐ静寂《スティルネス》の状態を求めているのです。ストア派はユースティルネスを探しているのです。

ここで秘密を教えましょう。ストア派も、そのほかのネガティブ視覚化派も、引き寄せの法則実践者やそのほかのポジティブ思考派も、心が世俗的な事がらであふれている人も、すばらしく魅力的な心の人もみんな同じものを探し求めているのです。それはユースティルネスです。ユースティルネスは、すべてのネガティブやポジティブな世界の内側に浸みこみ、繋ぎ、支える土台となるものなのです。ユースティルネスに気づくことでネガティブとポジティブの違いは和らいでいくでしょう。

よい例は水につけた角砂糖です。タンブラーに数インチの水を入れます。そこへ角砂糖を二ついれます。一つはネガティブを表し、もう一つはポジティブを表します。完全だった角砂糖がお互い溶けはじめ、時間が経つと水そのものの中に溶けてなくなるのを見てください。

求められているのはポジティブとネガティブの間にある対立を解明する方法です。私たちは、ポジティブとネガティブな世界の両方を知るプロセスや理解力、さらに重要で根本的な二つを繋いで統一する接着剤を探し求めているのです。もしくは、角砂糖の例のようにネガティブとポジティブが溶ける水を必要としているのです。

次の章では、この世界を知るのにすばらしい方法であるコイン・テクニックをご紹介します。コイン・テクニックは、あなたの見る世界からネガティブやポジティブを取り除くのではなく調和させていくすばらしいプロセスです。ネガティブを視覚化し、ポジティブ思考の溝を埋め、両者に力を与え、それぞれをユースティルネスという最小公約数まで減少させます。あらゆる正反対の概念は静寂のワンネスの中で溶けていくという現実を明らかにしていきます。相反するものは別々でありながら一つなのです。

第8章のポイント

- 科学には「引き寄せの法則」という法則はない。この法則にのっとったポジティブ思考は科学的根拠に欠ける。
- 内なる充足感のために外に何かを求めるのは正しい道ではない。
- 引き寄せの法則は一貫して再現性に欠ける。
- ポジティブ思考は心理的にネガティブな反発がある。
- 私たちの仕事は、ポジティブ思考を取り除くことではない。やるべきことは誤ったポジティブ思考の応用法のネガティブな影響力を取り除くことである。
- ネガティブな事がらには価値がある。
- 何かを失うという恐れはたいていいつも大げさだ。
- ネガティブ視覚派、引き寄せの法則の実践者やそのほか心が世俗的な事がらであふれている人、すばらしく魅力的な心の人もみんな同じものを探し求めている。それはユースティルネスである。
- ユースティルネスこそがネガティブとポジティブを含むあらゆる相反する正反対の概念を繋げ、支え、またそれらの内側に浸み渡る土台だ。

第9章 コイン・テクニック

やってみるのではない、やるかやらないかだ。
ヨーダ
「スター・ウォーズ　エピソード5／帝国の逆襲」

私たちの多くは何かから逃れるか、何かに立ち向かう人生を送っています。生理学的原理から見ても、生命は苦痛から逃れ、快楽に向かう習性があります。これは、一見自然で当たり前のことです。しかし、苦痛と快楽だけではなく、すべての相反する正反対の概念の現象についてもう少しくわしく見ていくことにしましょう。

まず、ニュートンの運動の第三法則から始めましょう。すべての運動は等しい反対の作用を受けるという法則です。動きとは運動で、それは活動ですね？　ということは、ニュートンは、活動には等しい反対の要素があると言っています。この考えはすでに前述されています。

立ち上がるときには、まず身体を下に押し下げる必要があり、矢を放つにはまず引かなければならなかったのを思い出してください。覚えていると思いますが、矢を放つ前に、矢は動態停止状態の特性をもち、そこに動きはないものの矢は勢いよく的を射るために必要な潜在的エネルギーに満ちていました。

まず動きに注目するのは心の自然な性質です。これは生存本能によるものです。遺伝的に動きは大切だと認識する傾向があるのです。たとえば、「草むらにひそむ虎はあなたを食べてしまう」としたら、あなたはまず虎の動きに注目します。これはよいことです。しかし動きばかりに注目して静寂を無視すると人生の豊かさが失われます。そしてこれはあまりよいことではありません。

すべての命は休息しなければなりません。実際すべての創造物は休息しなければなりません。これは曲げることができない法則です。ニュートンの運動の第三法則に隠されている本来の法則は完全な静止《スティルネス》なのです。物理のクラスではきっとこのことを教えてもらわなかったでしょう。物理学者でさえ活動を好み、静止《スティルネス》を無視する傾向にあるのですから。

しかし、一定方向の動きに、同じ大きさの反対の動きがともなうということから何が推測できるでしょう？　それはもちろん静止《スティルネス》です。10単位のポジティブな力プラス10単位のネガティブな力はゼロですよね？　ゼロは力がない、活動が「ない」ということです。動きがないというのは静止の別の言い方です。ですからニュートンの運動の第三法則は、静止《スティルネス》の法則の上に成り立っているのがおわかりでしょうか。

一番シンプルな宇宙の構造物は「波」で、波はこの真実を立証しています。子どもがブランコに乗っているとき、ブランコは毎回前後に揺れる頂点で、また動き出す前に完全に静止します。ブランコが揺れる動きの波の中にある静止は、動的停止に満ちた完全に引かれた矢に似ています。この動的静止が波を次の波へと整えます。これらの波は次の波と相互に作用しながら私たちの世界を創りあげます。私たちの世界は静止《スティルネス》と動きが織りなす美しいタペストリーなのです。

私たちはニュートンの法則を３５０年もの間たどってきました。そして私たちはニュートンを徐々に置き去りにし、神秘的にも見える量子物理学を支持しているようにも見えます。しかしそうではありません。ニュートンは死んではいません。ただ休息しているのです。常識とは逆の原理をもつ量子物理学が、物理学のコミュニティーを戸惑わせてからまだ１００年も経っていないのです。

この「新しい科学の父」でさえ彼らが発見したことを信じられませんでした。この奇妙で新しい科学の影の動因力であり、量子力学を確立したニールス・ボーアは「量子理論に衝撃を受けない者は量子理論を理解していない」と言いました。不確定性原理で有名なヴェルナー・ハイゼンベルグは「今ここで物理の基礎が動き始めた。そしてこの動きは科学の立場を奪ってしまうのではないかという思いにさせる」と言っています。いったい何が科学者を困惑させ、それがいったい私たちに何の関係があるというのでしょう。

古典もしくはニュートン派物理はマクロの世界、感覚の世界、直線的な原因と結果を扱っています。ニュートンは、対象物や状況に関するデータを必要なだけ集められたら、未来だけでなく過去もわかると言いました。しかし、もっとも基礎的な構造以外これはもちろん不可能です。私たちがそこにかかわった力をすべて知り得ることはできません。電気スイッチをつけるという簡単な動作でさえ、そこにかかわるすべての動作、反応がどのように影響したかを知ることはできないのです。

カオス理論の「バタフライ効果」の例がおそらくこの点を一番よく説明してくれるでしょう。ほら、台湾で蝶の羽がパタパタと動いたら、それがハバナではハリケーンを生み出すとかなんとかと言うやつです。量子物理学の到来までは、ニュートンの法則にのっとった古典物理が私たちの思考や行動を牛耳っていました。そして少数の分野、たとえば、医学、生物学、化学、心理学などのみが量子物理学の法則を統合させていることを考えれば、私たちはまだ古典物理学に牛耳られていると言えるでしょう。

しかし、そのほかの大きな人類の意識のシフト同様に、量子物理学は日常の通常意識へと徐々に浸透してきています。最近では、クォンタム何々、クォンタム何とかなどをどこにでも見かけますが、よくよく見るとそのシステムやテクニックはたいていニュートン派の原理に基づいているか、まったく何の原理にも基づいていないかのどちらかです。

その瞬時の癒し効果で有名なクォンタム・エントレイメント（QE：量子の同調）は特筆すべき例外です。QEの施術者は努力することなくユーフィーリングに気づき、巧妙な量子物理学により引き起こされた力が身体的、そして感情的不調和に作用する（癒す）のを邪魔せずに見守るだけです。当たり前のように使われている「クォンタム」とは逆に、量子物理学の大半はまだ誤解されているのです。

量子物理学は、大きな人類の意識のシフトは従来の形では浸透しないと述べています。量子物理学の核の部分では、人生を所有することはできないという認識があります。人生は確定していません。人生とは確率であり、もっと正確に言うのであれば、人生とは確実性と確率性で成り立っています。どんな思考、言葉、行動も対象物も、確実であると同時に確率であるのです。

手のひらの小石には確実性がありますが、それは表面的なものでしかありません。あなたは小石がどんなものか知っていると思っています。しかし実際の現実としてはどうでしょう？　現実とは感覚を通して知覚することでしょうか？　現実とはグツグツと沸き立つ化学薬品のスープでしょうか？　それとも揺らめき、うねりをもつ波動関数が光の速さで素粒子をパッと出現させたり消したりしているのでしょうか？　もちろんその通りであり、それ以上であり、それ以下です。それは「無」なのです。小石は存在でありながら存在になりつつあり、死にながら蘇っています。その完全性の中でいったい私たちの誰が何を知っていると明言できるのでしょう？　可能性はすべての方向で無限であり、それゆえ確実性は幻想なのです。

原子や小石の命、もしくは魂の進化を確実に予測するのにもっとも密接しているのは確率性です。インドの哲学者でありマスターでもあるニサルガダッタ・マハラジの一番気に入っている言葉は「知識は無知である」です。蝶を知ったと感じた瞬間に私たちは蝶を心に投獄し、存在になる過程を終わらせてしまいます。心の中で蝶は記憶となり、生命と息吹の現実から隔離されてしまうのです。そう、蝶は心の中で石になってしまうのです。

ではいったい私たちはどうしたらいいのでしょうか？　私たちは見たままの現実と、現実になっていく確率の両方を受け入れなければなりませんが、どのようにすればよいのでしょうか？　まず、私たちは自分たちが築きあげる土台となる現実《リアリティ》に気づくことから始めます。私たちはいったい誰なのでしょうか？　私たちの肉体と心は小石と基本的に同じ物で成り立っています。そして、素粒子や確率の波になる前、それらは静止しています。理論物理学者のデヴィッド・ボームはこの静止《スティルネス》を「内在秩序」と呼んでいます。どんな機械にも測定はできませんが、人の心はそれを体験できます。そして内在秩序を体験すると、心と身体は静止します。

この静止《スティルネス》こそが存在と生成の原型なのです。私たちは見晴らしがよい静止《スティルネス》の地点から、世界を判断や分析や歪んだ感情なしで見ることができます。ここではありふれた俗世は可能性に満ちています。手のひらにある小石は光を吸い込み、愛をほとばしらせます。

ここで言いたいことは次の通りです。私たちは従来の物理、そして量子物理学の両方に精通している必要があります。私たちは相反する世界を調整しなければなりません。絶対的な静止《スティルネス》、すなわちユースティルネスですが、私たちの人生においてユースティルネスは嘆かわしいほど足りておらず、したがって私たちはバランスを失っています。ユースティルネスの意識を育むと、ただ「気持ちがよい」という感覚を超えていきます。ユースティルネスは私たちが安定した視点で世界を見られるようにし、調和とバランスを全面にもたらし、この世界だけでなく私たちの内側とどのようにかかわっていくかにも直接影響を与えます。周りの混乱した世界がどうやってそこに意義を見い出そうか苦しむ中、私たちは内なる平和で静かな水面を案内してもらえるのです。

では、ユースティルネスの気づきは、どのように人生に直接影響を与えるのでしょうか？　活動が生まれる静止《スティルネス》の気づきは、人生の両側面をより公平に見せてくれます。ユースティルネスはあなたが歩む道にある穴を埋め、平らにしてくれます。そしてあなたの旅路をもっと意義のあるものに、そしてもっと楽しいものにしてくれるでしょう。

相反する正反対の概念から統一性への意識のシフトは、心を鎮めて組織立て、物ごとや思考に対する執着から自由にしてくれます。意識がこのようにシフトすると、瞬時にネガティブな感情への執着を手放すことができ、「ポジティブ」な方法による克服法も手放せます。二元性は急速に散り、やがてネガティブとポジティブは究極的には一つで同じものだと理解するでしょう。

静寂《スティルネス》が忘れられてしまい、動きばかりに目がいくと、あなたの心はどのようにこの二つが互いに影響し合うかに心を奪われてしまうでしょう。静寂がなければ興味のある観察者としてとどまることはできません。ユースティルネスの錨《いかり》なしには、心は今起きている出来事や反応、そしてそのほかの正反対の概念、たとえば強さと弱さ、若さと老い、善と悪、正と邪などに足元をすくわれてしまいます。

単純な波のように、人生におけるすべての相反するものは静寂の中で生まれ、その存在を持続させるためにも静寂を頼ります。物ごとに対する知識はよいものだったとしても、ユースティルネスという基準なしにはそれは断片的でしかありません。そしてこれこそがこの章の大事なところなのです。

正反対の定義とは対立と矛盾です。二つを結びつける共通項がないという意味です。たとえばあなたが、強さと弱さという正反対を知覚すると、同時にどちらかを選びます。そうするとあなたは自然に片方を支持するという立場を取り、もう片方を非難しませんか？　自然とそうなるはずです。自分で気づく前にどちらかを支持してしまうのです。すると、自分の立場を支持するのにエネルギーを使うか、もう一方の立場を否定するのにエネルギーを使います。人生は正反対の間で苦しみ、その苦しみは潜在意識下で起こります。私たちにとって、顕在意識の少し下にある心は敵対する正反対の概念で泡立つ海のようです。正反対の世界のみで生きるのはとてつもないエネルギーを必要とします。

もし私の言うことが信じられないというのであれば、次の簡単な実験を試してみてください。ご自分の好きなもの、場所、食べ物を選び、それについて考えます。なぜ好きなのかを考えます。好きな理由があるはずですよね？　たとえば、私が赤いリンゴより緑のリンゴが好きなのは、緑のリンゴは赤いリンゴほど甘くないし、緑色が赤色よりも心地よく感じるからだ、などと思うかもしれません。

もし「わからない」という答えが出たとしたら、何かを好き、もしくは嫌いと思うプロセスが顕在意識から隠されています。ユースティルネスに浸された心にはワンネスの感覚があり、すべてがありのままで大丈夫だという感覚があります。すると次のように気づくのです。

究極的には戦うべき戦いなどない、と。

活動の中にある静寂に気づいている人たちは、調和、気楽さと成功などについて違った形で世界を認識しています。マズローの欲求階層説からご存じの方もいると思いますが、心理学者アブラハム・マズローは健全な人を対象に研究をおこなっていました。そこで彼はユースティルネスの状態からしばしば人生を認識している人たちが、ほんの数パーセントいることに気づきました。彼らのほとんどは生まれつきユースティルネスから人生を認識しています。そしてそのほかの私たちは、自分たちでユースティルネスを探し出さなければなりません。マズローはこういった生まれながらのユースティルネス人（たった今、新しい言葉を作りました！）を「自己超越者」と呼びました。自己超越者たちはすばらしい人たちであり、彼らから学べることはたくさんあります。ここから少しの間彼らと時間をともに過ごしますが、本の後半では驚くべき自己超越者とのさらなる親密さを楽しむとしましょう。もしご自分が自己超越者になりたいと思うのであれば、その方法をお伝えできるかもしれません。

マズローによると自己超越者は、日々の現実《リアリティ》を過ごしながらもすべての中に静寂《スティルネス》を見い出せているそうです。これにより彼らは美しさにより反応するだけでなく、自分自身の内に深い公平感をもっています。自己超越者の世界では、相反するものは敵対する存在ではなく同じコインの裏表のようなものです。日常的に彼らは物ごとに違いを見ても、その違いを静寂という統一性の中で簡単に調和させることができるのです。

ではユースティルネスに気づいている自己超越者はどのように善と悪を見ているのでしょうか？静寂を知覚している自己超越者は、悪は避けられないという感覚を理解しています。それだけでなく、活動を超えたところにある見晴らしのよい位置から、悪には働きがあるのを見ています。自己超越者は直感的に今日あった悪い出来事は未来の調和や癒しと愛の種をまいてくれると知っています。悪の本質を知っているので、自己超越者は、恐れや偏見、憎しみからではなく、慈愛、思いやりから悪に強く抵抗します。「厳しい愛」という言葉が頭に浮かびます。

もし毒ヘビが自己超越者の家に侵入してきたとしたら、人に脅威を与えない野生へと返し、自然界の中での役割を果たせるようにするかもしれません。また、もしヘビを移動させられなければ自己超越者はヘビを殺すのにためらうことはありませんが、慈愛をもってそうするでしょう。ほんの少しの宇宙的悲しみもそこにはあるかもしれません。静寂は共通項で、すべてをくっつける蜘蛛の巣のようなものなのです。あなたがバラを一輪摘むとすべての創造物がバラを憐れむのです。

ようやくこの章の目的にたどりつきました。不快さをすばやく鎮め、正反対の概念がもたらすエネルギーの疲れを減少させるユースティルネスの特別な応用法をお見せしたいと思います。言い換えるとするならば、私は相反する事がらの中にある調和に感謝し、調和に気づくことで自然に湧きあがる歓びを見つけたのです。私はそれをコイン・テクニックと名付けました。コイン・テクニックを使うと、人生におけるネガティブなこと、少なくともネガティブなことに対する執着心を払いのけることができるようになります。また、このテクニックを使ってポジティブなことへの執着心も払いのけることができるようになります。

私は別に人生を楽しむのをやめろと言っているわけではありません。ここでポジティブなことへの「執着」と言ったことに注目してください。実際に執着とはネガティブの一つの形ですよね？　そしてポジティブなことに執着があると、対象になる人、場所や物に本来備わっている歓びを冒瀆してしまいます。簡単に言うと、目の前にあるものを楽しむ能力を失ってしまうのです。動きには過去と未来がありますが、静寂は今です。

苦しんでいる心はポジティブを抱きしめようとネガティブを向こうに押しやりますが、心が本当に望んでいるのは一種の中和、今現在を受け入れられる公平な視点なのです。実は、ポジティブにもネガティブにも傾いていないときに、両方の世界をもっとも楽しめるのです。もちろんここで言う中和は静寂《スティルネス》を別の言葉で表したものです。そして静寂はユースティルネスを別の言葉で表したものです。

これについて延々と知性を使って話すこともできますし、さっさとコイン・テクニックを学ぶこともできます。いかがでしょう？　正反対の概念の世界から出て、少しの間休息を楽しむ準備はできていますか？　私はそろそろユースティルネスを飲みたくなってきました。一緒に一杯いかがですか？　もしユースティルネス・テクニック、特にストップハンド・テクニックを定期的におこなっていれば、まったく予期していないときにユースティルネスがやってくることに気づいているかもしれません。少し注意して見てみると、ユースティルネスが映画上映を支えるスクリーンのようにあなたの背後でいつも静かに人生を支えてくれているのに気づくかもしれません。これらのテクニックを続けていけば、間違いなくこのように認識していきます。

また、コイン・テクニックは今まで練習してきたことに別の視点を与えてくれます。意識の焦点を相反する課題、事象、概念、信念、関係性等の中へと向け、それら一見矛盾する事がらを同一性をもたらす静寂に浸してくれます。この知覚が対立に調和をもたらします。善と悪、正と邪、強さと弱さ、若さと老い、これらもすべてユースティルネスの中では共通項があります。外面上の対立が解決されなくても、ユースティルネスは、対立は同じ源からやってきて同じ源の中で続くという本質的な共通項を見せてくれます。

統一性の性質をもつユースティルネスがあなたの中に浸透していると気づくと、理論や感情を超えた直感的で深い理解が起こるでしょう。たとえ分断は対立によるものだとしても、静寂にただ気づくだけで二元性から自由になれることを知るでしょう。以前は対立しか存在しなかった場所に調和があることを理解するのです。

おしゃべりはそろそろやめて、実践の時間にしましょう。

コイン・テクニックをおこなう前に、まず人生で葛藤している出来事を探します。それはパートナーや上司との意見の食い違いかもしれません（多くの場合、パートナーと上司が同一人物ですが……。落ち着いて。冗談です）。ある政策に反対しているかもしれませんし、人権的犯罪に関して思うことがあるかもしれません。もしくは今週足の爪を切るべきなのか、それとも1週間待つべきなのかという単純なことかもしれません。

座った状態で目を閉じ、ユースティルネス・テクニックをおこなうことから始めてください。最初は3分から4分ほど静かに座っている必要があるかもしれませんが、静寂をもっとはっきりと感じるようになると、コイン・テクニックはいつでもどこでもおこなえるようになります。ユースティルネスに気づいていることをしっかりと楽しめたら、コイン・テクニックを開始する準備はできています。

コイン・テクニック

・ユースティルネスに気づいたまま葛藤していることを心の中で思います。問題を見渡し、だいたいの状況を把握します。
・問題とユースティルネスに気づきます。
・葛藤している事がらのポジティブな面を見てみましょう。そこにはどんないいことがありますか？
・どんな感情を感じているかに気づきます。
・ポジティブな面と感情とユースティルネスに気づきます。
・葛藤している事がらのネガティブな面を見てみましょう。
・どんな感情を感じているかに気づきます。
・ネガティブな面と感情とユースティルネスに気づきます。
・ここで、心の中で一つから三つほど葛藤を解決するためにできることに気づき、空想するように心の中で可能性を探る時間を取ります。解決方法は現実的である必要はありません。遊び心を保ち、可能性を楽しみましょう。
・解決方法、葛藤とユースティルネスに気づきます。
・一つから三つほど葛藤の解決方法を妨げてしまう事がらに気づきます。
・解決を邪魔する事がらとユースティルネスに気づきます。

・葛藤のネガティブな面、ポジティブな面とユースティルネスに気づきます。
・ユーフィーリング（平和、歓び、至福）に1分ほど気づきます。
・ここで心を好きなようにさまよわせながらユースティルネスに時折戻ります（2分から3分）。

コイン・テクニックの目的は特定の葛藤を解決するものでは「ない」ことを理解することが重要です。コイン・テクニックの目的は一見分離していたり、葛藤があるように思えることにも統一性があると気づくことです。違いがわかりますか？　葛藤がどのように解決されるか私たちが知る必要はないのです。

どんなことでも、そこに加わる力というのは永遠に変化し続けています。すべてが常に変化しているのです。今日効果があったものは明日には効果がないかもしれません。今日あなたが信じていることを明日も信じているとはかぎりません。そうではないですか？　今までの人生を少し振り返ってみてください。この人は、この哲学は、このシステムは自分にとって有効だと信じていたのにまったく反対のものを支持することになってしまったという体験を何度繰り返してきましたか？

相対的な世界では何一つ信用できないようです。ですから、一貫性があり信用できる何かが私たちには必要なのです。唯一信用できるものが絶対的静寂の「無」なのです。相反する場でユースティルネスに気づくというのは、特に葛藤がある場合、私たちにしっかりとした土台を与えてくれます。ユースティルネスに気づくことで、私たちは敵対する相反する概念の世界に一貫性と調和を見い出すことができます。ユースティルネスとその愛すべき子どもであるユーフィーリングは、その土台をしっかりと与えてくれるのです。

コイン・テクニックのステップが一つ終了するごとに、よりユースティルネスに気づくようになります。外側の世界の静寂さを活性化させるからです。これだけでも、恐れや心配、罪悪感、怒りや悲しみからあなたを解放してくれるでしょう。

次に、創造物すべてに統一性の実在があると気づかせてくれるコイン・テクニックは、人生における特定の葛藤を解決するのを手助けしてくれます。先ほども述べましたが、葛藤を解決するのが目的ではありません。特定の結果を創り出そうと意図してコイン・テクニックをおこなっても裏目に出るだけです。この件に関しては次の章でじっくりと時間を取りたいと思います。今はとりあえず何の期待も抱かずにコイン・テクニックをおこなってください。定期的におこないましょう。ユースティルネス・テクニックの練習の最後にコイン・テクニックをおこなってもいいですし、やりたいと思ったときにやっていただいてもかまいません。練習を重ねると、日々の活動中でも目を開けたままコイン・テクニックを実践できるようになってきます。

コイン・テクニックは先ほどの指示通りにおこなうようにしてください。順番がとても大切です。最初は指示を見るのにコイン・テクニックを中断しなければならないかもしれませんが、手順に慣れればすぐに順番はわかるようになります。

コイン・テクニックの短縮版があるので、それもここでお伝えします。スケジュールの空き時間に数回この短縮版をおこなうのを習慣にしてもいいでしょう。やり方は次の通りです。

コイン・テクニック（短縮版）

・ユースティルネスに気づきます。
・人、場所、もしくは対象物に意識を向けます。
・人、場所、もしくは対象物の好きなところに意識を向けます。
・ユースティルネスに気づきます。
・人、場所、もしくは対象物の嫌いなところに意識を向けます。
・ユースティルネスに気づきます。
・人、場所、もしくは対象物のポジティブとネガティブな面、そしてユースティルネスに同時に気づきます。
・ユーフィーリングに気づきます。

これであなたはコイン・テクニックを身につけ、二元性がその醜い頭をあげたときに破壊できる準備が整いました。あなたはなぜ私がこれをコイン・テクニックと名付けたのだろうと思っているかもしれませんね。単純なのですが、「どんなものにもコインのように二つの側面がある」という言い習わしに当てはめています。これはすべての創造物には反対があるということを意味しています。

ネガティブとポジティブの例を見ていきましょう。たとえば、片面にネガティブの「N」もう片面にポジティブの「P」が刻印されている金貨をもっているとします。両面の文字も金からできていますね？　それぞれ意味が違うものの、両方とも本質的にはコインの一部であり、コインそのものです。コインがなければNもPも存在しません。ユースティルネスがなければ、ネガティブなこともポジティブなことも存在しません。NかPどちらか一方だけに焦点を合わせるのは人生全体の恩恵を限定させてしまいます。コイン・テクニックでは、生きること、愛することという名の通貨を手に入れることができます。ぜひどんどん流通させて使ってください！

第9章のポイント

- すべての生命は休息しなければならない。
- 正反対の概念の世界だけで生きるには膨大なエネルギーが必要である。
- ユースティルネスに気づけば、人生の二つの側面をもっと公平に見られるようになる。
- ユースティルネスの気づきは、意識を相反する概念から統一性へ、心を物ごとや思考の執着から解き放つ。
- 活動の中でユースティルネスに気づけば、内なる調和と外なる気楽さと成功をもたらしてくれる。
- コイン・テクニックは人生における葛藤を実際に解決するのを手助けしてくれるが、それを目的にしてはいけない。葛藤に対する解決法は、相反する事がらにある統一性と調和の静寂を知覚することでもたらされる。
- コイン・テクニックを定期的におこなう。練習すればいつでもどこでもできるようになる。

第10章 自己超越者の秘密

自己実現欲求とはすでにある生物固有の成長欲求であり、もっと正しく言えば生物そのものである。
アブラハム・マズロー

彼らは私たちの中に静かにひっそりと暮らす力強い存在です。私やあなたとは違った法則に従っていて、異なる社会的習慣や変わった洞察力で知らぬ間に一般住民に影響を与えます。彼らは私たちでありながら私たちとは違うのです。秘密の暗号がなければ彼らを見わけることはできません。それはあなたの上司かもしれません。あなたの隣人かもしれません。あなたかもしれません！　彼らは「自己超越者」なのです。

陳腐なＳＦ映画からとったように聞こえるかもしれませんが、本当なのです。この世には私たちと姿、形が似ていても、思考や意欲、そして人生への愛が構築されている内面がまったく違う人たちが存在するのです。

過去のどの年代でも彼らの優しさが人類の向かうべき方向の舵を取ってきたのを感じられます。そしてその舵は私たちがいったい誰で、どんな可能性を秘めた存在なのかを深く気づかせてくれます。

自己超越者は20世紀、人間性心理学者のアブラハム・マズローにより明確に定義されました。マズローは高校の心理学のクラスで学んだかもしれません。マズローは「欲求階層」でもっともよく知られています。欲求階層の理論によると、私たちは「より高い」欲求を満たすためには、まず一番基礎的な欲求を満たす必要があるとされています。

たとえば、ボートが転覆してしまい、あなたが溺れているとすると、その瞬間あなたはよりよい職を探すということには関心はありません。すぐに生命を維持するために呼吸しなければ、というさしせまった生理的な必要性のほうが、生活のために十分な稼ぎを得るという安全欲求を上回ります。

ここで少し記憶を整理することにしましょう。この階層は今、あなたがどの地点にいて何ができるかを理解するのに役立ちます。この後ジョージ・ランドの変容理論を検証する際に、私たちがどこからやってきて、どこにいて、どこに向かっているかをまとめていきましょう。

自分がどこへ向かっているかを知るというのは励みになるだけではなくとても役立つものですが、「どのように」自分の可能性を満たしていくのかを知るというのは実に最高です。この本を読む理由はそこにあるのです。ユースティルネスは理論と実用への架け橋となってくれるのです。

マズローの欲求階層

高階層 ← 低階層	
生理的欲求	呼吸、食事、水、性行為、睡眠、生体の恒常性の維持、排泄
安全欲求	身体、仕事、資源、道徳性、家族、健康、資産
社会的欲求	友情、家族、性的親密さ
尊厳欲求	自己価値、自信、達成感、他者の尊重、他者からの尊重
自己実現欲求	道徳性、創造性、自発性、問題解決、非偏見、事実の容認

次もきっと気に入ると思います。上昇する欲求階層にともなって上昇する不平の段階もあるのです！　不平とは程度の低い文句のようなものです。基本的に何か欠如していたり、何かを調節する必要があると感じたときに人は不平を言います。マズローは人は常に必ず不平を言うと述べています。相手がどのような言葉で不満をぶちまけているかで欲求階層のどこにいるかを測定できるのです。低階層の欲求から抜け出すときには、自分自身の進歩を観測することもできます。低階層の欲求が満たされると、高次のレベルで不平を言います。面白い発想だとは思いませんか？　そして、そう、自己超越者でさえ不平をこぼします。それでは各段階ごとの不平を見ていきましょう。

低次の不平――生理的欲求および安全欲求

❶生理的欲求……食事、住居、衣服、病気、軽蔑、虐待、偏見、残虐さ、生命維持に関わる死

❷安全欲求……仕事関連、経済関連、未来の計画、軽蔑、虐待、偏見、残酷さ、安全に関すること

高次の不平――尊厳欲求

❶社会的欲求……誤解や避難されること、人種/性の差別、他者と比べること

❷尊厳欲求……尊厳、自尊心、他者への尊重、自律性、自己価値、称賛と報い、仕事への評価

メタ不平――自己実現欲求・自己実現者/自己超越者

❶自己実現者……仕事の流れの非効率性、不確かな情報やコミュニケーション

❷自己超越者……真実への欲求、完璧さ、美しさ、世界の不完全さ、他者へ向けられた不正

私たちの一番の関心事項は欲求階層の最後の、もっとも高次な自己実現欲求にあります。さて、自己実現者はどのような世界に住んでいるのでしょうか？　自己実現者は深遠な愛の瞬間、理解、幸せを体験し、生命力にあふれ、満たされていると感じ、宇宙の調和と同調しています。そして、自然に、よいことや真実、公平さを大事にしています。自己実現者は「存る」ことに気づいていて、すべては

ありのままで完璧だと知っています。マズローはこのような体験を「B価値」と呼んでいます。「B」はワンネスや無限の感覚である存在（being）を表します。もうおなじみである静寂《スティルネス》は存在（being）の別の呼び方になります。ということは、あなたはもうすでに自己実現の欲求を強化しているのです。

自己実現者のグループには体験の異なる段階があります。一部の自己実現者はB価値を一時的、もしくはまれにしか体験しません。このような人たちを自己実現的非自己超越者と呼びます。自己実現的非自己超越者は、現実的で受容的、自発的で自然、問題中心型、そしてプライバシーの欲求があり内面的自己満足に頼ります。そして彼らは「至高体験」を経験します。マズローは自己実現的非自己超越者の例として、エレノア・ルーズベルト、ハリー・S・トルーマン、ドワイト・D・アイゼンハワーなどを挙げています。

至高体験とは人が体験できるユニークな体験で、よくスピリチュアルな体験とも言われます。至高体験を体験すると、限りない恍惚、感嘆、畏敬の念を感じます。時空の感覚も変化します。あなたは力強さ、無力感、そして宇宙の慈愛を同時に感じ、その中で一つに包み込まれます。そしてそれらすべては、あなたがこの世界と、この世界を超えた存在だと気づかせてくれるでしょう。

それではここで少し時間を取って、この本を通して練習してきたテクニックをおこない、どんな体験をしたかを見てみましょう。なんとなく制限がないと感じたり、時間の感覚が変化したと感じましたか？　無のテクニックで思考の向こう側を見たときは確かにそうだったと言えるでしょう。ユーフィーリング・テクニックのときはどうでしょう？　平和、歓び、無条件の愛の感覚を感じましたか？　もしかすると、猛攻をかけてくる毎日の生活から一歩出て安全な自分の世界で育まれ守られていると感じたかもしれません。また、ユースティルネス・テクニックをおこなった際に、拡大する感覚や、今まで表現したことのない力強さが存在している感覚を感じたかもしれません。そしてあなたの周りのものがより優しく、より親しみやすく、より生き生きしていると知覚したかもしれません。その中にある普遍的な静寂を感じ、ありのままの自分でいること、宇宙にある自分の居場所に満足感や居心地のよさを感じるかもしれません。もしくは圧倒的幸福感や「そのままでいい」という感覚を得たかもしれません。

ほんの少しの間、たった一つでもこのような体験をしていれば、それだけでも99パーセント以上の苦しんでいる同胞より優位に立っています。ユースティルネスを体験するたびに、あなたは悟りの光へ、完全な人になるという現実へと続く扉をさらに大きく開くのです。マズローは世界の人口のおよそ0・5パーセントから2パーセントが自己実現者であると推測しました。マズローはこの数値はおそらく0・5パーセントに近いのではないかと認めていますが、もっと正確な測定法がないかぎり確実に知ることとは不可能です。

マズローの理論は70年にわたり導入されていますが、自己実現欲求は人間の思考と同じくらい古いものなのです。自己実現欲求は、自己認識、自己覚醒、光明、涅槃《ねはん》、菩提《ぼだい》、悟り、解脱、ユースティルネスとも呼ぶこともあります。しかし、もっとも一般的で幅広く使われている表現は「悟り」でしょう。マズローの研究を参照する場合、私は自己実現欲求という用語を使いますが、通常は「悟り」もしくは「ユースティルネス」を使います。

マズローが述べた通り、自己実現欲求や悟りには段階があり、これらの高次な気づきのそれぞれの違いについては次の章ではっきりと定義します。今は、高次レベルでの人間の機能価値をテーマにしましょう。それでは、マズローの至高体験へと戻ります。

至高体験は過敏な神経症状を取り去ってくれ、自分自身をもっと健全に捉えることを可能にしてくれます。そして、自己実現により、周りの人たちの関係性も健全な形で捉えることになります。至高体験は、自発性、表現力そして創造力をあなたの中から解放し、人生全般をもっと全体的にそして価値があると認識するのを手助けしてくれます。もうお気づきかもしれませんが、ユースティルネス・テクニックとコイン・テクニックの練習は至高体験を促してくれるのです。

長時間にわたり体験する至高体験は、プラトー体験と呼ばれます。プラトー体験は何時間、何日、何か月にも渡って続くことがあり、プラトー体験をする人たちを自己超越者と呼びます。自己超越者たちは少なくとも私たちの進化の過程で人類がたどり着くべき本質の典型を表しています。自己超越者たちはより繊細で、存在の静寂さに浸された優しい魂をもっています。彼らは各世代において灯台となり、砕かれた平凡な人の無知さの上にある岩のようでもあるのです。

通常は彼らは控えめで、声明やデモなどではなく洞察力や秩序で静かに私たちの世界に影響を与えます。彼らは文化、地理、学歴、宗教や人種に制限されることもありません。有識者、詩人、そしてスピリチュアルリーダーの中に自己超越者がいるのと同様に、ビジネス、教育、そして政治の世界にも彼らを見つけることができます。マズローはオルダス・ハクスリー、アルベルト・シュバイツァー、マルティン・ブーバーとアルバート・アインシュタインを20世紀における自己超越者の例として挙げています。マズローの死後出版された著作 *"The Further Reaches of Human Nature"*（人間性の達する先）から自己超越者の特徴を次の通り抜粋します。

自己超越者の特徴

・自己超越者にとって、至高体験とプラトー体験は人生においてもっとも重要な事がらである。
・自己超越者は「在る」ものの言語を簡単に、普通に、自然にそして無意識的に話す。
・自己超越者は世俗にも神聖さを見い出すことができる。
・自己超越者は意識的にそして意図的に真実、美しさ、徳、統一性に動機づけられる。
・自己超越者はなぜかお互いが自己超越者だと気づき、瞬時に親しくなり、お互いを最初の出会いのときから理解し合う。
・自己超越者は美しさにより反応する。
・自己超越者は世界に対してより総体的である。私たちの「普通」で馬鹿げた幼稚な考えをもつには努力を必要とする。
・自己超越者は愛らしく、崇められ、「この人はすばらしい人だ」という思考を生み出す。
・自己超越者は革新者であり、発見者である。超越した体験と光が「在る」という「B（being）価値」

のビジョンをより明確にさせる。

・自己超越者は人の愚かさ、自己敗北感、盲目さ、目の前のことしか見ていない態度、お互いに対する残虐さに宇宙的な悲しみを感じやすい。

・自己超越者の神秘さは恐れではなく魅力的で挑戦的である。自己超越者はよく知られていることをつまらないと感じがちである。

・自己超越者はより「悪と和解」している。悪に対して思いやりがあり、より揺るぎない戦いをする。

・自己超越者は個人の限界を超えてエゴを取り除いてくれる。

・自己超越者は有神論者や無神論者であっても、より深くスピリチュアルに傾倒しやすい。

・自己超越者は容易にエゴを超越する。強い存在意義をもち、自分が何者か、どこに向かっているのか、何を望んでいるのか、何が自分にとってよいことなのかを本質的に知っている。

・自己超越者が何かに魅惑されるときは、子どもが水たまりにうつる色や、窓ガラスに滴る雨、なめらかな肌や毛虫の動きの魔法にかかるのと似ている。

・自己超越者は物ごとをより奇跡的に、完璧に認識する。

・自己超越者は愛と憎しみが混ざった通常「愛」と呼ばれるものや、友情、セクシャリティー、パワーより、真心がこもった葛藤のない愛、受容、表現を体験する。

・自己超越者は至高体験とB認識をもたらしやすい職を探す。至高体験とB認識で仕事と遊びを融合させる。本質的に満足する仕事をしており、そもそも趣味で稼いでいる。

用語のおさらい

●非自己超越者……自己現実の欲求グループより下のグループ。滅多に至高体験を体験しない。
●自己実現者………自己実現の欲求グループの最初のステージ。至高体験あり。
●自己超越者………自己実現の欲求グループの最上位。プラトー体験あり。自己実現者を含む。

マズローの階層を心理的欲求、自己価値欲求からみると非自己超越者は欠乏が原動力になっています。非自己超越者は、説明できない大事な何かが人生に欠けているという喪失感を感じています。この喪失感が表面に浮上することは少ないのですが、浮上すると「これだけが人生なのだろうか？」と自問します。この切望は通常ひっそりと静かに一つひとつの思考、言葉、行動を見つめています。多くの場合、この欠乏感は緊急性という形で表れ、その空虚感を埋めるために死に物狂いの努力で友人、所有物、お金や権力などを得ようとします。

このたった一つの原動力が、進歩という名においてワーカホリックな国民を生み出してしまいました。この希望なき空虚感を、やる気の消失や、平均的で月並みな人生という形で感じる人もいます。それ以外の人の気分は落ち込み歪んで、社会に対する残虐行為を生み出します。これらすべては人として下層レベルで人生を送ったときのたとえです。私たちが自己である自分自身(ユースティルネス)から遠ざかれば遠ざかるほど、私たちはより病んでいき、振る舞いは常軌を逸した狂乱状態になります。

では、自己超越者にあって非自己超越者にはないものとは何でしょう？　手短に言うと、非自己超越者は人生の静けさや、自分自身の内面、そして解放された本質の気づきに欠けています。ユースティルネスの気づきが欠けているのです。彼らの努力は外側に向けられ、所有することに走りますが、それこそが空虚感を広大に深めていきます。内面的落ち着きを体験したいと決断しても、まるで犬が骨に食らいつくような行動に出ます。静寂を純粋な非局所性の知覚して捉えるのではなく、まるで所有しなければならないもののように襲いかかるのです。

多くの非自己超越者は内なる領域を探求する興味もなければ、辛抱強さももち合わせていません。たとえ興味や辛抱強さをもっていたとしても、誤解や不適切な指示により、すぐに自然に手に入れられる静寂の手順にばかり時間を費やしてしまいます。何年もかけて自己実現の欲求を達成しようとしたところで、ほんの少ししか達成できません。

しかし、ユースティルネス・テクニックは、従来の瞑想や自己実現テクニックにつきものであった労力や面倒くささはすべて必要ありません。どんなレベルの人生を送っていても、今いる地点から瞬時に至高体験を味わえるのです。気づきが本質の中で開いていくと、ユースティルネスは文字通り空間を静寂《スティルネス》で埋めていき、私たちの本来の美しさへと導いてくれます。ユースティルネス・テクニックは瞬時に自己実現の領域へと案内し、私たちは即座に自己超越者へと数秒ないし、数時間の間なれるのです。

そして、私たちがユースティルネスと関係を重ねるごとに、ユーティルネスは今までにないほど完全に開花するでしょう。どこから始めようと、ユースティルネス・テクニックはライフスタイルと楽に結びつけることができます。ユースティルネスはあっと言う間にあなたの人生と一体化するでしょう。

現時点での進化の過程では、ほとんどの自己超越者は形成されるのではなく自己超越者として生まれていると私は考えています。彼らは内なる光を輝かせたままこの世界へとやってきます。多くの自己超越者は自分自身が何者であるのか、どんな力をもっているのかを知りません。彼らは自分は周りの人と同じだと思い、またそう信じるように仕向けられます。彼らの親、教師、そして仲間がすべて非自己超越者の可能性もあるのです。したがって、生まれてきた自己超越者たちは、人生を豊かさではなく欠乏の側面から眺めるように教わります。

彼らは内面では常に葛藤していますが、その理由がわかりません。彼らは普通の人たちとかけ離れていると感じ、愛憎にも似たかかわり合いをもつようになります。彼らが非自己超越者を愛したとき、戻ってくるものは非自己超越者が与える恐れと痛みになります。謙虚な気持ちで彼らはよく「周りがもっと自分のようだったら世界はもっといい場所になるのに」と思います。そしてそれはその通りなのです。

こういった言葉を読むこと自体が、まるで乾いた喉に流しこんだ冷たい水のように感じる人もいるかもしれません。彼らは大きな安堵感と歓びをもたらしてくれます。苦しんできた理由を理解するということは、大きな自由をあなたに与えます。

ようやくあなたは、なぜ今まで常識の海流に逆らって泳いでいるかのように感じていたのかを理解できるのです。やっとあなたは、ほかの人が望むあなたでいようと努力する必要がなくなるのです。そしてようやく幼少期から否定していた調和と愛の内なるささやきに耳を傾けることができるのです。あなたは病んでいるわけでも歪んでいるわけでもなく、変わっているわけでもありません。自己を自分自身から隠す必要はもうないのです。あなたは内なる光を受け入れ、最初はおそるおそる、しかしやがて力強さとともに特別な光を私たちに分け与えてくれるでしょう。

この本に書かれているテクニックを練習し、気づきの中でユースティルネスがよりはっきりとしてくれば、さらに自分自身であることに心地よさを感じるでしょう。より自信にあふれ、自分を守ろうとムキになることは少なくなり、思いやりと共感力が湧き起こり、それは相手に対する忍耐力や認識力へと変化していきます。

先に述べた自己超越者の性質を読んでみると、どんどんその性質が自分の気づきの中へ忍び込んでくるのがわかるでしょう。あなたの世界は今までと同じですが、より豊かで、より協力的で、より友好的になります。ユースティルネスを得ようとするのではなく、ただユースティルネスそのものを楽しむようになるでしょう。それはあなたの内面の豊かさが純粋に投影されているからなのです。

増大したエネルギーと、言葉では表しきれない宇宙の愛を適量注入されれば、あなたは自然に他人を助けたいと思うようになります。人助けは危険なときもあり、もしかするともう誰も助けたくないと思うような嫌な体験もあったかもしれません。結局、不調和と不穏は恐れに突き動かされている非自己超越者の性質なのです。それは自分の周りと外を見てみればすぐにわかることです。人類のあらゆる分野における試みは多くのすばらしい可能性を秘めているにもかかわらず、それでもなお、葛藤や苦しみを生み出します。

誤解しないでください。私は人類の存在におけるネガティブな側面を強調しようとしているわけではありません。わざわざ言わなくてもわかりきっていることですし、私はそんなことを言いたいのではありません。自己超越者は存在そのものが人類を調和させるのです。

もし私の言葉を疑うのであれば、ユースティルネスに気づいたときに起こった癒しについて指摘させてください。自己超越者は変換器に似ています。彼らは内なる本質に気づき、それを外の世界へと投影します。のぼり旗を必要としたり、何かを宣言する必要はありません。家から出る必要さえないのです。ユースティルネスに気づいたときに生み出される一貫性はいかなる境界線も超えて、自己実現などまったく知らない人たちにまで優しく作用するのです。

しかし、ユースティルネス・テクニックが非自己超越者にとって価値があっても、マズローの階層の下へいけばいくほどユースティルネスの恩恵を感じられなくなります。もし、熊があなたを木の上まで追いかけていれば、ユースティルネスの時間など取ろうとは思わないでしょう。それと同様に日々の食事をまかなうのに苦労していたり、愛や存在価値を感じるのに苦労している人たちは抽象的で応用できないように見えることには興味がありません。しかし面白いことにユースティルネスに気づくことが経済的困難を乗り越える手立てであり、内面的な存在価値に気づくいちじるしい手助けになるのです。

私の多くの読者が発見したように、ユースティルネス・テクニックは自己評価を高めるのに非常に効果的です。自己評価が満たされれば、自己実現の欲求グループへと招かれるのです。ユースティルネス・テクニックのすばらしいところは、自分ではテクニックを実践したくないと思っている人にも、その人のためにあなたが、ユースティルネス・テクニックをつかの間、おこなってあげることができるところです。ユースティルネスセッションの間、その人は至高体験を体験するかもしれませんが、最終的にはその人自身でユースティルネスを体験しなければなりません。ユースティルネス・テクニックを誰かにおこなうことで与えられる効果は一時的なものにしかすぎませんが、うれしいことにいつでも与えた分より多く自分に戻ってきます。

ところで、誰かが自己超越者かどうかを、その人の行動や意図によって見極めることは誰にも不可能です。誰が自己超越者であるか否かを見極めることに囚われないようにしてください。これは多くの場合、利己的な行為であって、よい結果を生み出すことは絶対にありません。バートランド・ラッセルは「自分を誰かと比べるときに、誤った安心感や不安を得るが、それはどちらにせよ建設的ではない」と言うのが好きでした。あなたは自分の行動や意図を静寂で満たすことに関心をもつべきです。手助けできるときにはそうできるように準備をしましょう。しかしそれ以外での進化の過程はそれぞれに任せましょう。それが最善です。

自己に対する愛が育てば、その純粋な気づきを他者と分け合いたいと思うのは自然なことです。私の考えでは、あなたが誰かに与えられる最高の贈り物は、相手に彼らの自己を気づかせ、ありきたりな意識から奇跡的な意識へと引き上げることです。これは選ばれた数少ない人しか楽しめない秘儀的な教えとはまったく違います。

ユースティルネス・テクニックはとても簡単で、瞬時に効果があり、応用性もあるので、あなたが熊の爪から逃れられたときには、ユースティルネスは思考のほんのすぐ先にあります。バラバラに散った鉄の削りクズに近づけられた磁石のように、ユースティルネスはバラバラに散った思考を集めて整えながらあなたの心を鎮め、身体を落ち着かせ、あなたがあらゆるジレンマから逃れる準備をしてくれます。

オーケー。いい感じにビュンビュン進んでいますね。ではすべての人生が成長し繁栄するにあたり、通らなければならない変容の3段階について探求する前に、そしてどのようにしてこれらの段階を自分の人生に応用するかを学ぶ前に、少々時間をとって次の章で6段階に分かれた気づきのレベルについて検証したいと思います。特に最後の二つの気づきのレベルは自己超越者の意識と一致するので見ておいたほうがいいでしょう。

それでは次の章でお会いしましょう。

第10章のポイント

- 自己実現者の「至高体験」は深遠な愛の瞬間、理解、幸せ、至福の体験である。自己実現者は「在る」ということに気づいていて、すべてがありのままで完璧だと知っている。
- 体験の違いは自己実現者の短くまれな至高体験から、自己超越者のプラトー体験まで幅がある。
- ユースティルネス・テクニックは至高体験とプラトー体験を促してくれる。
- 世界人口の99パーセント以上が、不満や恐れに動機づけられた欠乏的な指向をもつ。
- 世界人口の約1パーセントが真実、美しさ、統一性に動機づけられた自己超越者である。彼らは愛らしく、俗世に神聖さを見い出せる革新者であり、また発明家である。
- ユースティルネス・テクニックは太古にルーツをもつ新しいテクノロジーであり、人が自己超越者になる機会を与えてくれる。

第11章 悟りの科学

完全な人になる方法

他者を知ることは知恵であり、自分自身を知ることは悟りである。
老子

あなたは真っ暗な部屋に座っています。窓は夜の闇に放たれ、太陽が昇ろうとしています。近づく夜明けのかすかな光が部屋に差し込む中、足元をみるととぐろを巻いたヘビが今にもあなたに襲いかかろうとしています。あなたは息が止まります。「このヘビは危険だろうか？　毒ヘビだろうか？」筋肉は緊張し、ヘビが今にも襲いかかってくるかもしれないという恐怖が脳裏をよぎった瞬間、逃げ出そうと思います。しかしあなたはどうしていいかわからず、身動きもできず、座ったままで呼吸もままなりません。

太陽は昇り続け、光がさらに部屋に降り注ぎます。ヘビの頭を見ると、ヘビは別の方向を見ています。あなたの筋肉は緊張がほぐれ、呼吸も少し深くなります。太陽は地平線から顔を出し、部屋を黄金の光で満たします。そしてその明るさの中であなたが見たヘビは、実際にはとぐろを巻いたロープだったことが判明します。安堵感と喜びが全身を駆けめぐり、あなたは恐怖から自由になります。生きのびた、とあなたはただ喜びます。

暗闇から光へと身をゆだねた数分に体験したことは、もっとも低いところから、生理的、そして生存欲求から超越した自己実現の欲求の歓喜までロケットに乗っていっきに昇ったようなものです。どのようにしてこの変化は達成されたのでしょうか？　部屋の中に増していく光で自分の状態を正確に把握することができたからです。とぐろを巻いたヘビの例は、私たちの心理的進化に向けて、完全に超越するための材料が含まれていました。「知覚」と「気づき」です。「知覚」と「気づき」は人間の意識の中で状態を切り替えます。しかしその際、この二つのうち、気づきのほうが優先されます。

気づきがない状態を想像してみてください。そこには何があるでしょうか？　そこに何もないのは明確です。気づきなしで何かを知覚することはあり得ないのです。とぐろを巻いたロープの例では、おもに視覚で知覚しています。この場合、気づきが存在で、光が視覚です。光がなければ視覚は存在しません。気づきがなければ私たちは存在しません。

ではここで、6段階の気づきについて時間を取りたいと思います。これらの段階がどのように相互に作用し合い、あなたの人生の質に影響するかを見ていきましょう。六つのおもな気づきの状態は、「目が覚めている状態」「夢を見ている状態」「深い睡眠状態」「純粋な気づきの状態《ピュア・アウェアネス》」「ユーアウェアネス

(Euawareness) の状態」、そして「ユースティルネスに気づいている状態」です。

一つひとつのおもな気づきの状態はそれぞれ違います。各状態には生理的そして心理的法則があります。最初の四つの状態、「目が覚めている状態」から「純粋な気づきの状態」に関連して言えるのは、これらの状態は一度に一つしか味わえないということです。言葉を変えれば、起きているときは寝ておらず、夢を見ているときには純粋な気づきの状態にはありません。おもだっていない気づきの状態、白昼夢や催眠状態は気づきの変形であり、気づきの状態としてみなしません。

では最初の三つから始めましょう。「目が覚めている状態」「夢を見ている状態」「深い睡眠状態」です。健康的な人間であればこの三つの状態を定期的に体験しているので、これらについては少しの説明で十分でしょう。ただし、それぞれの精神的状態に生理的結果がともなうことには気づいていないかもしれません。

たとえば、もしあなたが目が覚めている状態であれば、心も身体も活動的です。深い睡眠状態では心は非活動的で、身体は深い休息状態にあります。身体的、精神的な活動から見ると、夢を見ているときというのは、目が覚めている状態と深い睡眠状態を行ったりきたりしている状態です。夢を見ているとき、あなたの心は目が覚めているときほど活動していませんが、深い睡眠のときよりは活発に動いています。身体も目が覚めているときよりは休息状態ですが、深い睡眠時ほどの休息感はありません。

純粋な気づきは、臨床的にロバート・キース・ウォレス博士により発見されました。彼は1970

年3月サイエンス誌に純粋な気づきの存在を確かなものとさせる論文を発表しました（ウォレスは純粋な気づきを「目覚めているが代謝が低下した心理状態」と呼びましたが、私たちは「純粋な気づき」で通しましょう）。最初の三つの「目が覚めている状態」「夢を見ている状態」「深い睡眠状態」に比べると4番目の「純粋な気づきの状態」はユニークです。

純粋な気づきに気づいていると、心は完全に静止していながら完全に目覚めています。それに加えて、身体は深い睡眠状態のときよりも深い休息状態にあります。これこそが、無のテクニックで純粋な気づきを体験した際、それがほんの数秒であったとしても、すぐにくつろいだ感じや内なる平和を感じた理由なのです。すべての世代におけるスピリチュアルリーダーたちは、純粋な気づきこそが私たちの霊的幸せだと譲りませんでした。しかし、これは自己超越者、完全な人になるほんの始まりにすぎないのです。

私は、目が覚めた状態と純粋な気づきをしっかりと一つにし、5番目の気づきの状態をすばやく生み出すユニークな方法を見つけたのです。この5番目のおもな気づきの状態を知ることは、完全に目が覚めた状態と深く休息した肉体を保ったまま日々の生活を送るのに役立つでしょう。それはまるで軽い瞑想状態でピーナッツバターやルタバガ（訳注：カブに似た野菜）を買いにいったり、歯のクリーニングをしてもらったり、お隣さんと裏庭のフェンス越しに噂話をしたり、小切手の残高を計算したりするようなものです。

いいえ、あなたは禅ゾンビになるわけではありません。それどころかその反対です。あなたはもっとあらゆることに反応し、活発になります。心の中の「したほうがいいのだろうか、しないほうがいいのだろうか?」というおしゃべりに負担を感じるのではなく、ありのままの自分でいることをもっと楽しめるのです。この方法は欲求階層のどこにあなたがいようと、そこから自己実現の欲求の最初の段階へとポンと直接押し上げてくれます。

そしてもしあなたがすでに自己実現の欲求の階層にいるのであれば、気づきはより明晰さと深さを増すことでしょう。この5番目の状態の気づきを私は「ユーアウェアネス(Euawareness)」と呼んでいます。

ユーアウェアネスは目新しいものではありません。解剖学的にはじめて人間とされる存在が、低階層の欲求を超えて自己実現の欲求を始めたときからあるものです。私の心の中には、石器時代の穴居《けっしょ》人《じん》が見えます。彼をウグラグと呼ぶとしましょう。ウグラグが洞窟の入り口で頭を垂れながら座り、今日一日の一番のミステリーについてじっくり考えています。「僕のおへそはどこからやってきたのだろう?」もしくは、ウグラグの妻スグガグは、車輪を発明し一年の内3か月をキャッツキル地方にある夏用の洞窟で過ごす元彼のジャスティンと結婚していたらどんな人生だっただろうとじっくり考えています。

オーケー。本題からずれました。申し訳ありません。

私が言いたいのは次です。ユーアウェアネスはずっと昔からあり、私たちにもっと時間があったころにはもっと一般的なものだったのではないでしょうか。ウグラグとその仲間は生きるために週3日から4日働けばよかったのです。ということは、週3日か4日はじっくり自分のへそについて考えたり、風が湖面にさざ波をたてるのを見たり、古代の森の音、景色、よい香りがする丸太の上で静かに座る時間があったのです。今日、時間は私たちの敵となっています。私たちは次の締め切りへ間に合わせるために多大な労力を注ぎ込み、ユーアウェアネスというとても大事な私たちの一部を置き去りにしてしまったのです。

昔のマスターたちの教えは真実ですが、そのテクノロジーは古臭くなってしまいました。多忙ではない時代には使い勝手がよかったのです。私たちの多くは週3日や4日も好き勝手にできる時間はありません。仮にあったとしてもその時間は夜の繁華街やインターネットという電気信号だらけの断片的な世界で浪費されていきます。これでは、マズローの言うように私たちの1パーセント以下しか自己実現の欲求レベルでないのも納得です。私たちは優先順位を逆にしてしまったのです。

しかし、これは何も私たちのせいではありません。私たちは恐れや欠乏に動機づけられた世界で育てられてきました。その世界は、在り方ではなく、行動に重きを置いています。両者とも必要なものではありますが、バランスを取る必要があります。今までは、この忙しい世界に私たちに与えられた唯一のほかの選択肢は、隠遁生活を送り、気づきを時間のかかるスピリチュアルな哲学や修行で保護することでした。しかしユースティルネス・テクニックの登場によって、時間を神への献身で犠牲にすることなく、ユーアウェアネスを育て、慈しみ、多忙な毎日と統合させることができるのです。

ユーアウェアネスは悟りへの最初のステージです。ユーアウェアネスを体験した人は、自己実現者が体験する至高体験とほぼ同じ体験をします。ユーアウェアネスの中にいる人たちは、その人が在るべき姿へと開花していきます。彼らの志や才能が、疑いや心配、罪悪感の蔦から彼ら自身を解いていきます。ユーアウェアネスは正反対の概念によってもたらされる断絶感も修復します。

ユーアウェア族は創造的であると同時に分析的で、自発的でありながら計算高く、表現力が豊かでありながら控えめです。彼らは自立していて、自己満足感や自信があります。そして、これらの資質はより健全な人間関係の基盤となります。ユーアウェア族になる前には想像できなかったほどに彼らはより自然で、協力的で、より愛にあふれています。手短に言うと、ユーアウェア族は彼ら自身と私たち人間を創りあげている内なる本質のより純粋な投影なのです。

ユーアウェア族の心には特別な場所があります。そこで静かに気づき、しばしば子どものような無垢な瞳で世界を見渡します。彼らは内なるエネルギーに満ちた世界と同調し、抽象的な知識を実用的な形で物質的世界に応用できます。こういった領域は優れた知性をもつソクラテスやダ・ヴィンチ、アインシュタインが往来した場所です。

各ラジオ局にはその局に合わせた周波数があります。ユーアウェア族一人ひとりにも、その人にぴったりとあった周波数があり、その中で特徴ある才能を表現します。クラシカルなバイオリニストであればカントリーを歌う必要はありません。例をもう少し掘り下げるとしたら、ダ・ヴィンチがクラシックベストヒットを放送する局で、アインシュタインは金曜日の科学番組でホストをするかもしれません。もちろんソクラテスはトーク番組では花形でしょう。ゲストに深く掘り下げた質問をし、あらゆる論争を起こすでしょう。ユーアウェア族一人ひとりが、その人がなるべき音楽となるのです。自分にふさわしい居場所を見つけ、そこから私たちを啓発し、ひらめきを与えるために進むのです。

知覚的に、ユーアウェア族には特別な楽しみがあります。ユーアウェアネスの中では実際に世界をより優しく、友好的に、そしてもっと愛にあふれた場所として知覚します。あなたはすべての創造物と親しい関係性を築きあげるでしょう。広がっていく生き生き感は目の前に現れるどんな現実にも感じる優しい愛情に付き添われ、あらゆるものを分け隔てている境界線を溶かしていくでしょう。ユーアウェア族は人生と恋に落ちるのです。

そして美しいプロセスが始まります。ユーアウェアネスの中での知覚が磨かれていくと、見るものすべてに感謝の念を抱くようになります。この感謝の気持ちは、あなたのハートを開き、あなたは無限の愛の止まることない流れを体験し始めるのです。すべての創造物から映し出される無限の愛により、あなたのハートはより完全に開くのです。

このプロセスはさらに続きます。ユーアウェア族的人生の自己実現欲求の花弁がユーアウェアネスの中で開くと、磨かれた知覚は愛を生み出し、知覚を浄化します。時とともに知覚はもっとも深く人生を表現するよう開かれ、ハートはもっとも広大な愛の表現へと開いていきます。育てられたハートと磨かれた知覚により、あなたは光の縁で凛とたたずむのです。あなたの周りのすべてに静寂が満ちていると気づくとき、あなたのワンネスへの準備は整います。

ユーアウェアネスの中ではすべてに共通する潜在的統一性を直感的に理解できるようになります。

ユースティルネスの中ではその統一性は知覚として直に現れます。まずユースティルネス・テクニックで体験したように、周りのもの、行動、そして自分自身の思考や感情すべてにどういうわけか静寂《スティルネス》が組み込まれているようです。ユーアウェアネスの中では、人生がもたらす一つひとつの出来事を一粒一粒の真珠のように捉え、その輝きを楽しむでしょう。ユースティルネスの中では、真珠を繋ぐ糸に気づくようになり、ネックレス全体をありがたいと思うようになるでしょう。

一つ確かなことがあります。宇宙には秩序があるということです。もし秩序がなければ、私たちは進歩することはできません。計画を立てることも目標に到達することもできません。私たちの細胞の構造はバラバラになってしまいます。秩序がなければ宇宙も存在しません。秩序はすべてのレベルの創造に反映されています。私たちの心にとって、一方のものはそのほかのものより秩序があるように映ります。秩序を測定する一つの方法として活動を測定するという方法があります。たとえば、ある物がより活動的であるならば、それは秩序が少ないと言えるでしょう。

おそらくもっともわかりやすく、そして驚きの秩序の測定法の例はあなたの心の中で見つかるでしょう。あなたが平和で心静かなとき、あなたの世界のすべてがよく見えます。落ち着きがあり、思考は澄みきっていつもより協力的で愛にあふれています。あなたが怒ると、心はマシンガンのように思考の弾を四方八方に撃ち、思考は動揺し、混乱し、罵り、愛とはほど遠い状態になるでしょう。ということは、平穏は怒りより秩序があると言えます。現実的には、どちらにもっと秩序があり、どちらに秩序がないのかを宇宙ではなく私たちが決めています。宇宙を超えた目から見れば、平穏も怒りも等しく秩序があり、それぞれに価値があるのです。

私やあなたを含め、一般的な法則として、人生は、痛みから逃れ、快楽へと向かいます。怒りは居心地の悪い状態で、平穏は快い状態です。私たちの自然な傾向として、平穏は良く、怒りは悪いと言ってしまいがちです。そこで次のステップでは、平穏は秩序があり快い状態なので、もっと増やそうと合理的に考え始めます。平穏と怒りの核の部分、そして原因と結果という理解の制限を超えた宇宙レベルでは、両方とも同じだと気づいているかぎり、平穏が怒りよりも良いと感じるのは悪いことではありません。宇宙の公平さと調和を知る唯一の道は、すべての創造物の根底にある静寂《スティルネス》を直接知ることです。

この論理を果物に応用してみましょう。たとえばバナナです。近所の八百屋から固く黄色いバナナを買ってきてダイニングルームのテーブルの上のボウルに入れます。あなたは数日バナナに気づくことなく、気づいたときにはバナナはコバエの群れを引きつけ、皮には黒い点があり、果肉は柔らかくなっています。

さて、変色したハエまみれのぐちゃぐちゃしたバナナの果肉を好まないかぎり、あなたは慎重にバナナの茎を親指と人差し指でつまみゴミ箱へ直接もっていき、コバエには自力でどうにかしてもらおうとするでしょう。

ニュートンの熱力学の第二法則によると、元のバナナは腐敗したバナナよりもより秩序を示していたと言えます。この法則は、宇宙に存在するすべてのエネルギーと物質は朽ちていき（エントロピー）、自動力がない一つの状態へと向かうという法則です。別の言い方をするならば、宇宙に存在するすべては分解され、崩れ落ち、消滅していくのです。ああ、なんと暗い話なのでしょう。そもそも鬱《うつ》の傾向があったニュートンですが、この法則を思いついたときには、きっとニュートンの彼女と彼の間には大きな意見の食い違いがあったに違いありません。しかし、ありがたいことにこれは全体像の一部にしかすぎません。

ほかのものが生まれるためには、既存のものは朽ちていかなければなりません。それがこの世の在り方というものですよね？　もし人が死ななかったら、どんなに困難な状態になるか想像してみてください。不死の集団で私たちの惑星をあふれかえらせるか、選ばれし者のみで人口をつくりだし、新しい人間を排除するかのどちらかになるでしょう。

朽ちる、もしくはエントロピーとは全体像の一部でしかありません。そう、あなたには破壊する力がありますが、創造する力ももち合わせています。破壊する力も創造する力も常にあらゆるところで作用しています。バナナもその命の中で、あるときは育ち、そして腐っていきました。バナナは数年後どうなってしまうのでしょう？　もちろん、バナナをつくった分子、原子、素粒子に分解されていきます。これら粒子は分散され再構築され、宇宙へと散らばっていったかもしれません。バナナの潰れた果肉の素粒子がビュンビュンとあなたの脳内で今この瞬間飛び交っているかもしれないなんて興味深いと思いませんか？　そう、脳がまるでバナナの潰れた果肉のようになってしまい、この話を理解できなくなった人たちを知っています。しかし、それはまた別の話ですね。そしてまた話がずれました。

ということで、私たちは破壊する力と創造する力の両方をもち合わせており、人生を送るのにこの二つの力は必要不可欠です。花が木から落ちることで果実が実ります。果実が木から落ちることで種がまかれます。種は木の誕生とともに死に、そうやって循環は繰り返されるのです。

ではこれだけなのでしょうか？　創造の二つの力？　私たちに必要なのはこれだけだと思うかもしれませんが、もっとよく観察してみると何かが足りないことに気がつきます。この二つの力を繋ぐものはいったい何でしょう？　二つがきちんと働くように作用するものとは？　二つの力が終わることなく続くのは何のためでしょう？

それでは創造が停止し、破壊が始まる特定の場所を見てみましょう。もし拡大鏡をもって、破壊が始まるその直前の創造のプロセスにズームしたら、いったい何を見つけるでしょう？　その通り、「静寂《スティルネス》」です！　破壊の力が作用し始めるにはどこかの地点で創造の力を停止しなければなりません。その地点こそが完全なる静寂がある場所なのです。

波の上昇が止まり、下降する直前に波が完全に停止したのを覚えていますか？　ブランコに乗っている感覚を思い出してみてください。ブランコに乗っているとき、空中で動きがなかったあの一瞬がどんな感覚だったか覚えていますか？　無のテクニックをおこなったときはどうでしょう？　静寂をまるで動きのない映画のスクリーンのように、思考の先の間に見つけませんでしたか？

ということは、活動をもっとも基礎的な段階まで落とすと、そこには活動はなく、よって創造も破壊もないのです。拡大鏡をもう一度手にして活動のさらに深い深い段階へと進むと、静寂があなたを待ち受けています。活動することはまるで幻想のようです。ユースティルネスに気づくと、この終わることない活動の幻想から自由になります。もっと正確には静寂という事実を観察すると同時に、あなたは創造の力、そして破壊の力の有無も観察します。そしてこれが一種の永遠という感覚を生み出します。静寂に直接触れることで得られる心理的な安心感です。

考えてみてください。静寂とはいったいあなたにとってどんな意味があるのでしょう？　活動的な心にとって静寂は何の価値もありません。心が静寂を知覚することは不死を知覚することだと知るまではそうでしょう。あなたの注意が常に活動にあるとき、心はとても悲しいレッスンを学びます。物ごとは常に変化していると気づくのです。もし物ごとが常に変化しているのであれば、心は究極的に何にも頼ることができません。アイザック・ニュートンの言葉では、エントロピーは絶対であり、すべては死に向かっています。あなたの注意力が常に活動にあるとき、心は死しか知らないのです。

たとえば、あなたの人生で変化がなかったことがあるとしたらそれは何ですか？　初恋の人はどうでしょう？　今もその相手を当時と同じ気持ちで愛していますか？　初仕事の日に比べて今は仕事に対してどのように感じていますか？　あなたの身体はどうでしょう？　何かしらの変化はありましたか？　あなたの信念、恐れ、野望、そして未来への希望はどうでしょう？　時間の川はいずれすべてを私たちの手の届かないところまで流してしまうのです。そして最終的には私たちが執着してやまない身体も心も死んで消滅していくのです。

少し落ち込んだ気分になってしまいましたか？　多くの人が知っている形で人生の描写をしてみました。未来を見て、そこには守られた約束があると信じ込んでいる人たちにとってどんなに辛いことか想像してみてください。よく見ると死の約束しか未来にはないように見えます。だから私たちの多くはこのことについてじっくり考えないのです。むしろ反対です。特にアメリカ人は多大なる時間とエネルギーを死と向き合わないことに費やしています。しかし、すばらしいことにそんなことをする必要などないのです。

では私たちに何ができるでしょう？　そうですね。もう私が言わんとしていることはおわかりだと思います。もし人生が活動であふれかえっているのであれば、ユースティルネスでバランスを取りましょう。ユースティルネスには始まりも終わりもありません。分子や山、感情が生みだされたように創造されたことは一度もありません。ユースティルネスには形がありません。もし形がないのであれば、朽ちることはありません。エントロピーに触れられることはないのです。それは終わることもなく死ぬこともありません。それがユースティルネスなのです。

ユースティルネスに気づくというのは、絶対的に動くこともなく、また消滅することもない静寂《スティルネス》に気づくと同時に、常に変化し、常に動いている自然現象の存在の領域にも気づくことです。ユースティルネス・テクニックをおこなうとき、あなたは静寂と動きの両方を知覚することになり、この気づきこそが人生の生き方に大きな影響を与えるのです。やがて活動に頼った充足感を得ることはなくなるでしょう。お金をたくさんもつ必要も、大きな家をもつ必要も、友人やそのまた友人が好ましいと思うだろうという行動をして彼らに好印象を与える必要もなくなるのです。

活動は物ごとの半分にしかすぎません。静寂を活動の中に見出すと、死への恐怖は瞬時に消え去ります。死への恐怖から自由になると、自分を守らなければならないという思いは薄れ、よりくつろぎを感じ、自然にあなたが在るべき姿へとなっていきます。内なる幸せとともにある満足感は、あなたのままでいることを今在る場所で楽しませてくれるでしょう。あなたはすでに完璧だと知り、血迷いながら誰かのようにならなければならないと思ったり、どこか別の場所へ行かなかければならないと思うことはなくなるでしょう。

ユースティルネスに気づくと、あなたもウグラグのようにおへそのことを思って一日中座っているようになってしまうのではないかと心配しているかもしれません。でもそんなことはありません。ユースティルネスに気づくと、実際にあなたのやる気は増し、より創造的になります。加えてエネルギーも増し、よい導きがあり、愛される存在になり、楽しいことが大好きになるのです。ユースティルネスが人生を完全なものとします。

次のことをすぐにやってみてください。

・目を閉じて心を自由にさまよわせます。
・気楽な気持ちで思考に気づき、その先を見て純粋な気づきの「無」を探します。
・ユーフィーリングに気づきます。それは心地よい感じや、静けさ、軽やかさなどです。

・意図的にユーフィーリングを見ていると、ユースティルネスに気づきます。
・コイン・テクニックを始めます。ネガティブとポジティブをユースティルネスの中へと移動させます。
・ユースティルネスを目を閉じたまま好きなだけ楽しみます。そして目を開けてストップハンド・テクニックをおこないます。
・どこでもいいのでユースティルネスを見つけられたら、それを観察します。
・再度ユーフィーリングに気づきます。

あなたは悟った自己超越者、完全な人とは何かという世界へと自分自身を導きます。これが若さと老い、富裕と貧困、善と悪、ダイナミックな活動と絶対的静寂など相反する事がらの調和をとった生き方の始まりです。今はそうでなくても、知覚したいと思ったときにユースティルネスは瞬時に現れてくれるでしょう。長く否定していた人生の領域を一つにし、不調和を超えながら逆境を乗り越えられるのです。そして、それらすべてを同時におこないながら静寂の海にある相対性という暗礁を避け、安全に舵とりするのです。なんというすばらしい旅路なのでしょう!

第11章のポイント

- 気づきがなければ何もない。
- 気づきと知覚は、人の意識でお互いの状態が変化する。
- 六つのおもな気づきの段階は、「目が覚めている状態」「夢を見ている状態」「深い睡眠状態」「純粋な気づきの状態」「ユーアウェアネスの状態」「ユースティルネスに気づいている状態」である。
- 純粋な気づきはスピリチュアルな幸せに欠かせないものだ。
- ユーアウェアネスは日常の活動に調和的影響を与え、悟りの最初の段階でもある。
- ユースティルネスは、日々の活動や物に存在する絶対的静寂をじかに知覚させてくれる。これは完全な人になるために必要不可欠なステップである。

第12章 決断する方法
金魚より賢く考える

教育とは知識を詰め込むことではなく、
学問への情熱に火をつけることである。
ウィリアム・バトラー・イェイツ

ここでちょっと時間をとって一緒に遊びましょう。

私が小学生の頃、学校で一番好きだったのは休み時間でした。もうバレているかもしれませんが、実は今もまだ私は休み時間が大好きです。では、休み時間の精神を尊重して、ちょっとここで哲学的な追求をひと休みして、「決断する方法」を学びましょう。

特に産業国では、多くの人は日々たくさんの選択肢に圧倒されています。私たちは、あまりにもたくさんの選択肢があるために、何がもっとも自分にふさわしいのか決断することをとても難しく感じてしまいがちです。もうそろそろ活動しすぎることが、どれだけダメージを与えるのかは理解していただけたと思います。人生において不調和や困難を生みだす基本的原因は、活動のみに意識を向けて、ユースティルネスで調和をとらないことです。活動しすぎの一つの形態として選択肢がありすぎるということが挙げられます。「あればあるほどよい」という精神がアメリカではほかの産業国よりも主流となっています。

私が車の運転を10代で始めた頃は、父が新車を買う際の選択肢は数少ないものでした。当時は車を製造する会社はほんの6社か7社しかありませんでしたし、車種もあまりなく、色も数色あるのみでした。先日私は新車を探そうと決めたのですが、車のメーカーの数はおろか、どんな車種があり、どんな色があり、どんなオプションがあり、どんな営業インセンティブがあるのかとても数えきれませんでした。

自転車を購入したいと思ったこともありました。そして店の前にずらっと並べられた自転車を見てうんざりし、「もういい、歩く!」と私は思わず言ってしまいました。そして実際に歩いたのですが、靴屋に向かって歩いていくと、そこにはウォーキングシューズが437種類ほどあったのです。私は頭を手で抱えて嘆きました。

しかし、話はここで終わりません。救急救命士が近所のかかりつけの精神科で私を降ろしてくれたあと、4枚のクッションの壁に囲まれた固いベッドの上に静かに座りながら自ら何も選択しないでよい環境にいるというのに、用務係がガラガラと車輪つきクローゼットを運び込み、私の拘束服のあらゆるスタイル、サイズに色、イニシャルのオプション、ラインストーンの有無を選びなさいと聞いてきたのです。

まあ、ちょっと大げさに話を盛ってしまいましたが、選択肢がありすぎることが不安を煽《あお》り、ときには不健全なこともあると言いたかったのです。科学もこれを容認しています。多くの研究により、たくさんの選択肢があるというのは一見とても魅力的に見えても、人を消耗させることが明らかになっています。

私たちにたくさんの選択肢が与えられれば与えられるほど、注意力を維持できる時間は低下します。どうやら私たちは楽しませてもらえなければ興味を失ってしまうようです。アメリカ国立医学図書館によると、２０００年、アメリカ人が維持できる注意力の時間は平均で12秒だったそうです。それが２０１３年にはそれが8秒に低下していました。たった13年で33・3パーセントも注意力を維持できる時間が減少したのです。これは実にひどい話です。でも待ってください。あなたはまだもっとも不安になる統計を聞いていません。なんと金魚が維持できる注意力の時間は平均で9秒、アメリカ人よりも1秒多いのです！　有望な従業員を青田買いしたい雇い主は、エラがついているかどうかを確認して選ぶのが最善でしょう。

私たちの注意力があらゆる方向へ引っ張られているとき、健全な選択をするのはほぼ不可能です。２０１４年3月6日にNeuroscience誌で発表された記事では、コロンビア大学メディカルセンターの研究を引用していました。そこで研究者たちは決断の的確さを改善できると発見したのです。著者のジャック・グリンバンドは「決断するまで50ミリ秒から１００ミリ秒遅らせることで、脳はもっとも関連性のある情報に**〝注意を向け〟**、邪魔をする関連性のない情報を遮断することができる」と述べています。

私が一番興味を引かれたのは、決断する人が決断の的確さを改善させる方法は「何もしないことである」と記述されていた点です。何だか聞き覚えはありませんか？ もちろんありますとも。あなたは「無」の価値をもうご存じですね。どうやらようやく科学が追いついてきたようです。

そして、あなたはユースティルネスに気づくと、何もしなくなるということも知っていますね。静寂《スティルネス》とはそういうものではありませんか？ もし、たった50ミリ秒から100ミリ秒の停止で決断方法を改善できるのであれば、5分間ユースティルネスに飛び込んだらどうなると思いますか？

どうなるか見てみましょう。いいですか？

ユースティルネス・決断テクニック

・ユースティルネスに気づきます（1分から2分）。
・決断しなければならない状況に意識を向けます。
・あらゆる選択肢の可能性に一つずつ意識を向けます。
・新しい選択肢に意識を向けるたびに、その選択肢に対してどのように感じるか気づきます。その感情はネガティブ（混乱、心配やそのほか逆らいたいような反応など）ですか？ それともポジティブ（安堵感、明白さやそのほか支持したいような反応）ですか？
・もっともポジティブな解決法に楽に意識を向けます。
・ユースティルネスに戻ります（1分）。
・ユースティルネスの中でさらに新しい解決法が浮かんでくるか見守ります。もし新しい解決法が浮かんでこなければ、ユースティルネスの中に留まりながら、もっともポジティブな解決法をときどき思い浮かべます。その状態を15秒から30秒ほど続けます。この行程を数回繰り返したあと、ユースティルネスと、もっともポジティブな解決法に戻り、心をさまよわせます。
・ユーフィーリングに気づき、優しくセッションを終了させます。

ユースティルネス・決断テクニックは、心を鎮め、整理し、決断する際にひそむ、あなたをあざけり笑う力を優しく警戒してくれる魔法のような作用があります。それと同時に、心配や不安、そのほかの決断をする際に邪魔になる感情を瞬時に鎮めてくれます。興味深いことに、ほかの問題に対する解決法も、まるですでにラッピングして準備をしておいたひと足早い誕生日プレゼントのように現れるかもしれません。

決断は終わったといつわかるのでしょう？　その決断で完全に大丈夫だと感じれば正しい決断をしたとわかります。ある種の「知っている感」、現実的で正しいと思えるはっきりとした直感があるでしょう。疑いの余地がない感覚です。

もし、決断に迷いがあるようであれば、再度ユースティルネス・決断テクニックを、翌日、そしてまた翌々日におこなってください。迷いは通常、決断をするのにとてつもない感情的トラウマがともなっているときに起こります。しかし、このようになるのはまれです。焦らないでください。焦ると物ごとの進み方が遅くなります。結果を求めるのではなく与えられた結果を受け取りましょう。

もし結果がどちらつかずの場合、少し待ってからユースティルネス・決断テクニックを繰り返します。思い出してください。目的は「何もしない（無為）」ですよね？　ですから、展開を急がせようとしないでください。急がないことが答えを得るのにもっとも早く簡単な方法なのです。答えを積極的に見つけようとする行為は、逆に答えを遠くへと押しやってしまいます。

たとえばこんな感じです。きれいなプールのふちに私たちが座っているとしましょう。そして私は「プールの底に答えがあるよ」とあなたに伝えます。あなたは水面をかき分けプールの底を見ようとします。当然水面を動かせば水は歪み、プールの底に何があるかは見ることができません。積極的にユースティルネスの決断の最中に答えを見つけようとするのは、水面を乱すのと同じ行為です。静止した心のみが物ごとをはっきりと見ることができるのです。

たいてい、いつ、どういう行動をとればいいのかが、セッションが終了すれば明確になっています。もしかするとセッションの途中で探し当てることができるかもしれませんし、準備段階のユースティルネスの最中に「これでいいんだ」という笑顔とともに答えが心の中にパッと浮かぶかもしれません。ユースティルネス・決断テクニックを練習すれば、時間を取って目を閉じて座らなくても、瞬く間に決断できるようになります。

では、次の章に進みましょう。恋に落ちる準備はできていますか？

第12章のポイント

- 多すぎる選択肢は人を衰弱させる。
- たくさんの選択肢があるにもかかわらず、私たちの注意力を維持できる時間は低下している。
- 研究者は決断する際、「何もしない（無為）」を50ミリ秒から100ミリ秒体験することで決断の的確さが改善することを発見した。
- ユースティルネス・決断テクニックは、心を鎮め、整理し、決断する際にひそむ、あなたをあざけり笑う力を優しく警戒してくれる魔法のような作用がある。
- その決断で完全に大丈夫だと感じたら正しい決断をしたとわかる。ある種の「知っている感」、現実的で正しいと思えるはっきりとした直感がある。疑いの余地がない感覚がある。
- ユースティルネス・決断テクニックをおこなうと、どのような行動をとればいいのかがほぼいつもはっきりとわかる。

第13章 メイキング・ラブ

愛ある心が、すべての知識の始まりである。
トーマス・カーライル

ああ、愛。鳥はさえずり、ハチはブンブン飛び、心は期待で興奮している。愛というもっとくすぐったい言葉を聞いたときに、最初に心で連想されるのはこんなことではないでしょうか？　二つの魂、火のついた情熱、ハートと手足はからみ合い、ロマンティックな愛にもう夢中。しかし愛とはやっかいなのに離れられない、ドン・キホーテでなければつかの間、抑えがきかない幸福感というエピソード以上に奥深いものなのです。

ほかにどのような愛があるかとたずねたら、あなたは兄弟愛、家族愛、友情、コミュニティー愛、親の愛、子どもに対する母の愛、配偶者への成熟した愛などを挙げるかもしれません。もっと純粋な美しさや知識への愛、そして神という究極の相手に対する魂の愛もあるのではないかと言うかもしれません。

しかし、これらの愛は、人間の視点からありがたいと思われる愛です。岩の愛、分子の愛、普遍的な愛はどうですか？　そんな愛は存在するのでしょうか？　もし存在するなら、いったいそれはどんな影響をあなたの人生に及ぼすでしょう？　ここであなたの人生にすぐに、そして永遠に大きな影響を与える愛の例を紹介したいと思います。すべての愛の形が生まれる唯一無二の愛、普遍的な愛についてです。私はなにも抽象的な理論を話しているのではありません。そんなことで時間を無駄にしたくはありません。赦しを実践する、奉仕、受容、平静さなどを通して愛を「学ぶ」ことをすすめているわけでもありません。これらの人間的調和の投影を実践する必要はありません。なぜなら山や分子がどのように愛し合うかを知れば、これらは自発的にあなたの中から輝き始めるからです。

まず何を置いても最初にすることは、愛を定義することでしょう。どうかセンチメンタルにならないでください。もちろん、私たちが「愛」という言葉を聞いて最初に思い浮かべるのは、二人の間を結びつける感情的な絆でしょう。それも愛ですが、愛はそれだけではありません。ええ、わかっています。詩人や作詞家も愛を定義できないのに、なぜ私は愛を定義できるなんて思うのでしょうか？

ではまず、普遍的な愛を定義してみましょう。そしてそのあと、もっとも大切な知覚をあなた自身の内なる体験として導きましょう。

さて、この愛の定義はかなり長く深いものとなるので、よく考えられるように準備してください。

私の愛の定義は次の通りです。「愛とは二つのものが一つになり、より大きな調和を創り出すことである」

確かに私の定義はほかの定義より短いですが、とても合理的です。どのように合理的かをさっそく見てみましょう。

二人の人間が愛で一つになると（ここでいう「一つ」がどういう意味なのかはあなたの想像力に任せるとしましょう）、より大きな調和を二人は楽しみます。しかし、二つの原子は愛し合えるでしょうか？　私の定義では、二つの原子は愛し合うことができそうです。二つの原子が一つになり、より大きな分子という調和を生み出せばそれは愛です。

分子のつがいが、星、車そしてチョコバーを創り出すというのは、否定できない明白な愛の現れです（特にチョコバーはそうです）。創造の過程とその過程が生みだすすべてが普遍的な愛の現れなのです。

では私はどのように普遍的な愛を定義付けるのでしょうか？　普遍的な愛とは、「一つにする力」です。もし一つになる力を愛と呼ぶのであれば、創造物を分裂させる力を何と呼ぶでしょう？　古典物理学者は「エントロピー（entropy）」と呼び、東洋の哲学者は「タマス（tamas）」と呼びます。ドラマチックになってしまって申しわけないのですが、私は「死」という言葉をよく使います。すでに私たちは死について長々と話してきたので、これ以上話す必要はないと思います。今この言葉をもち出したのは、愛の文脈の中で使うためだけです。少なくとも私は実用的な形では、なかなかいい愛の定義ができたと思います。しかし、定義は実際の愛の体験からはほど遠いですよね？　でも知っていますか？　一度方法を理解してしまえば、普遍的な愛の力は定義するより「体験」するほうが簡単なのです。実際、ユースティルネスの宿題をここまでちゃんとこなしてきているのであれば、あなたはもう9割がたそこにたどり着いています。これがどういう意味なのかを見ていきましょう。

ユースティルネスの気づきとは、純粋な気づきの中で考え、日常を活動的に過ごすということです。これは、絶対的な静寂《スティルネス》を物や活動の中に直接感じるということです。ユースティルネス・テクニックを学んだときに、その静寂さの中にユーフィーリングを通して入りました。ユーフィーリングは、ユースティルネスに由来しています。なかには純粋な気づきが愛だと言う人もいるでしょう。ですが、純粋な気づきは力ではありません。純粋な気づきには形もエネルギーもありません。ただの気づきです。純粋な気づきの子どもがユースティルネスになります。ユースティルネスは形になっていない普遍的な愛なのです。

ユースティルネスの子どもがユーフィーリングで、ユーフィーリングは普遍的な愛の最初の形です。すべて創造物は普遍的な愛の子どもたち、またはユーフィーリングなのです。私が「普遍的な愛」という言葉を使うとき、それは内容によってユースティルネスかユーフィーリングを指しています。ユースティルネスもユーフィーリングも両方とも普遍的な愛なのです。そしてユーフィーリングが普遍的である愛の最初で唯一の形なのです。

階層化すると次のようになります。

ユースティルネス↓ユーフィーリング↓すべての創造物

純粋な光がプリズムに当たると、七色の虹ができます。純粋な光がプリズムに入りこむと、光は変化し、赤、オレンジ、黄、緑、青、インディゴ、紫に分かれる前に屈折したり動いたりします。そしてこれら七色がすべて混ざると、私たちの周りのいたるところに無限の色彩が生まれるのです。ユースティルネスはこの純粋な光のようなものです。

ユースティルネスがプリズムに差し込むと、静寂が存在として動き始めます。この静寂の動きこそがユーフィーリングの誕生です。平和、楽しみ、幸福感、至福、畏敬の念、思いやりなどにユーフィーリングは投影され、このように投影される感情はプリズムから放射される色に似ています。ユーフィーリングから最初に反射される感情は、宇宙の中で物や思考として生み出されていきます。つまり、今朝あなたがコーヒーに浸したビスコッティもコーヒーというユーフィーリングに浸されたユーフィーリングなのです。

前の章で、決断をする方法を学んだのを覚えていますか？　あなたが実際に決断を下したわけではありませんよね？　「これだ」という感覚は内側から自然に湧きあがってきました。あなたがどのような行動をとるべきかわかったとき、それが正しい行動だと「わかって」いましたよね？　それはあなたの直観が働いている証拠です。

あなたの次の質問は、「直感ってなんだろう？」だと思います。質問してくれてありがとうございます。

なぜならちゃんと答えを用意していたのに聞かれなかったら残念ですからね。

直感とは、もっとも静かで繊細で、もっとも研ぎ澄まされたユーフィーリングの形です。直感とは二つの実体の種です。あなたの心は、それらは思考と感覚だと知っています。すべての創造は形とエネルギーがあるのを覚えていますか？　直感に関しては、思考が形、感覚がエネルギーに相似しています。思考とは論理、分析、推理、構成など思考の過程も含まれます。思考プロセスは創造的ではありません。思考プロセスはすでにあるものをさらによく観察し、定義することで収束しています。感覚は（簡潔にするために、ここでは感情を感覚に替えています）、思考の反対です。感覚は抽象的で拡張します。想像力を含む感覚は、私たちを未知の世界へと押し流してくれます。

アインシュタインは、かつて想像力は知識よりも重要だと言いました。私はこの意見に反対です。理由は次の通りです。

健全な心では、思考と感覚はお互いが協力して作用します。電車と線路のような関係です。線路であるあなたの思考はきちんと整備され、定義され、具体的な目的地へと続いています。電車であるあなたの感覚は、力と意欲を供給し、目的地へと運んでくれます。線路がなければ電車は目的地を探してガタガタ音を立て同じ場所を周り続けるでしょう。電車がなければ、線路には意味がありません。

あなたが科学者であろうと作詞家であろうと、創造のプロセスは同じです。問題は、今の場所から目的地にどうたどり着くかです。まずは何をおいても感覚が最初です。欲求という形で、感覚は行動を促し、そこから思考が充足感へと向かう手法と方向性を与えてくれるのです。もしアインシュタインが、想像力は最初に湧きあがるからより大事だと言っているのであれば、私はアインシュタイン電車に再乗車して光の速さで星へとシュッシュッポッポと旅立ちます。

直感はユーフィーリングの第一子です。普遍的ではない最初の愛の形です。直感は、思考と感覚という双子を身ごもっています。彼らが誕生すると、二人は別々の道を進みます。しかし、誕生する前、直感という子宮の中では、二人の間には距離などありません。すべての双子がそうであるように、どんなに離れていても驚くほど親密な絆を常に分かち合っています。二人はコインの表と裏のように一つなのです。

ユースティルネス・決断テクニックをおこなったときと同様、あなたが直感に気づくようになると、あなたは直感の子どもたち、思考と感覚が離れる前に気づくようになります。直感が特別なのはこのためです。これにより、一瞬の光の中で問題解決法を見い出せるのです。答えが間違いなく正しいという感覚とともに、どのようにしてその解決に向かえばいいのかという考えが同時にやってきます。はっきりと直感に気づくことで、あなたの思考と感覚は完璧な調和の中で作用します。これは、あなたがワンネスとともにいることを意味し、そして思考と感覚の創造を最前線で鑑賞できるのです。

もし、アンケート調査をおこなったら、私たち人間はおおまかに思考派と感覚派の二つに分かれることに気づくでしょう。確かにこれは一般的な分類法ですが、もう少しお付き合いいただければ、私の主張に妥当性があるとわかっていただけると思います。思考と感覚が発生するとすぐに、すべてに相反する場が発生します。特にネガティブとポジティブという正反対の場が誕生します。では自分は客観的な観察者で、科学は客観性を反映したものだと考える伝統的な古典的科学者がいたとしましょう。この科学者は、抽象な世界にふける芸術家は非論理的で規律がないと思っています。芸術家は枠がない自由さに心地よさを感じ、科学者の人生は堅苦しくてドライな人生だと思っています。

大事なのは次です。通常はそれぞれが自分のやり方のほうが相手よりも優れていると感じていますね？　科学者は、芸術家がなぜそんなにも体系化されてない思考をもてるのかが理解できず、法則や公式、データの世界で暮らすほうが心地よいと感じています。

もしあなたが芸術家を科学者と同じ世界に閉じ込めたなら、彼に退屈さという死の宣告を与えることになります。芸術家も科学者もお互いの視点を正当に理解することはできず、お互い分離されたままで、抵抗し、妥協することはありません。そして二人とも、彼ら自身が両方の世界に精通しなければ不完全であるということに気づいていません。

これらのネガティブでひねくれた態度は愛の庭に生える雑草です。このような態度はマズローのもっとも低階層的欲求のゴツゴツした土壌の中で発芽しています。ユースティルネスに気づけば、あなたは生きて呼吸する自己超越者です。直感と仲良くなったあなたは、この完璧なまでに不完全な庭で簡単に動くことができます。そしてほかの庭師の達人同様、あなたは雑草も人生の一部だと知っています。

受容とは上辺だけの哲学（思考）から誕生するものではありませんし、つくられたイメージ（感覚）からくるものでもありません。愛を培養しようとしなくていいのです。あなたは思考と感覚の双子が一つになっている直感の子宮を知覚することで、両方の表現の在り方の恩恵を人生のすべてのレベルにおいて受け取れるのです。どちらかを上に掲げる必要などないのです。ゆったりとユースティルネスの中にいると、あなたは思考と感覚、それぞれのエネルギーが展開していく様子を自分の心の中で静かに見守る観察者になります。充満するワンネスに気づくと、あなたは相反する正反対の概念がもたらす影響から自由になるのです。

ユースティルネスにあると、つまり、静寂がすべてのものにある唯一の共通項だと知ると、相反する事がらは以前のようにあり、さらにあなた個人の好みもありますが、あなたはもっと深いレベルで両方の価値を十分に理解します。そして、そこには違いがあることも理解します。どちらかの見解を主張するために、もう一方をけなす必要はないのです。一瞬どちらかを選ぶことがあったとしても、究極的にあなたの存在は正反対の概念を超えたところで知覚します。

前述したように、自己超越者は最終的にこのように受容と平静さですべての相反する事がらを捉えます。この受容は、創造がどれだけすばらしいかを慈しみながら、あなたの知覚を磨いてくれ、あなたの認識をさらに深めてくれます。そして、あなたの気づきを繊細で深遠な普遍的な愛にしっかりと根付かせてくれるでしょう。

数ページにわたって普遍的な愛の仕組みについて徹底的に掘り下げてきましたが、間違いなくこれは思考する心寄りの作業でした。しかし、普遍的な愛の本当に本当にすばらしいところは体験するのに理解などいらないことです。実際、普遍的な愛の普遍さを私たちが理解することなどありえません。

しかし、私たちはその豊かさにふけり、どんなに平凡でありふれた人生だったとしてもそこに投影される普遍的な愛を祝うことはできます。どうやって？　もう答えはわかってますよね？　ユースティルネスに気づいて遊ぶ！　遊ぶ！　遊ぶ！

では遊びの精神において、心で表現される思考と感覚と一つになれる簡単な体験を次のようにご紹介しましょう。

ユースティルネスの普遍的（無限）な愛の体験

・ユースティルネスに気づきます（1分から2分）。
・無限の愛を感じたときを思い出しましょう（与える、受け取る、どちらでも）。
・愛に対する思いに気づきます。
・愛の思いの裏にある感覚に気づきます。
・再度無限の愛に気づきます。
・再度思考と感覚に気づき、無限の愛が思考と感覚の中でどうなっているかに注意を向けます。思考も感覚も無限の愛でできていて、そこからやってきています。思考も感覚も無限の愛に満たされています。
・楽に、そしてはっきりと無限の愛に意識を向け、その中に何があるか観察しましょう。そこにユースティルネスという絶対的な静寂を見つけます。
・ユースティルネスに気づきます（30秒）。
・ユーフィーリングに気づきます。

自分が向かう先に自信をもつことほどよい気分にさせるものはありません。その自信は人生の質に深みを加えます。これは完全な人になるうえでもっとも喜ばしいことの一つでもあります。

では、注意を外側に向け、この大きな青い球体に住む魂たちとの関係を抱きしめる時間がやってきました。今こそ自分たちを超え、種として普遍的な愛へと進化するときなのです。旅路の最初のステップは、私たちがどこにいるかを知ることです。そして私たちの変容を左右する新しい法則を学ばなければなりません。

そのためにはまず、考古学者からシステム科学者になったある人が見つけた、ほかとは比べられないほど深遠な気づきから始めるとしましょう。この科学者はシンプルで否定することのできない真実を発見しました。これを無視するとシステムの死を招いてしまうのです。その驚くべき発見とは何でしょう？　そしてそれはどのように私たちの生活に応用できるのでしょう？

何を待っているのですか？　ページをめくりましょう！

第13章のポイント

- 愛：「二つのものが一つになり、より大きい調和を創り出すこと」
- 普遍的な愛：「一つにする力」
- 普遍的な愛は赦しの実践、奉仕、受容、平静さなどを通して「学ぶ」ことはできない。普遍的な愛はじかに体験することでしか感じられない。
- ユースティルネスは、現れていない普遍的な愛である。ユーフィーリングは普遍的な愛の現れである。ユーフィーリングはユースティルネスの子どもである。
- 直感はもっとも静かで、繊細で、もっとも洗練されたユーフィーリングの投影である。
- 思考と感覚は直感の子宮の中で生まれる。
- 「思考派」と「感覚派」の世界の共通項はユースティルネスであり、ユースティルネスはお互いの間の中に存在する。

第14章 変容の理論

普遍的な愛への進化

自然の驚くべき点は、すべての成功は失敗へと向かうことだ。
繰り返す成功は必然的に失敗への道となる！
ジョージ・ランド（「変容の理論」の発見者）

２０１３年６月、それはとてつもなく暑い日でした。車のエアコンは果敢に華氏１０９度（43℃）と戦うものの、化け物のような暑さは窓の外４分の１インチほどの場所で爪を立てていました。それはまるで、暑さが自らを離れて私の中へ逃げ場を求めているかのようでした。

しかし、私の人工的で不安定な車内環境は生あたたく、熱気には勝てません。その日の暑さは私に味方してくれることはありませんでした。「いったい何のために夏の盛りにアリゾナ砂漠に行ったんだ？」と思うかもしれませんね。私はある科学者に会いに行っていたのです。具体的に言うと、私のタイヤがアスファルトに溶けることがなければ、あと少しでジョージ・エインスワース・ランドという「変容の理論」を発見したシステム科学者に会えるのです。レンタカーのナビによると、私はランド博士の家から3・4マイルの場所にいました。私の中に潜む未知なる存在は一筋の興奮を感じ始めていました。

私がランド博士の研究に出会ったのは15年前にさかのぼります。彼の研究は私自身が実践し、教えていた基本的教義を見直すきっかけを与えてくれました。変容の理論によって、私は混沌とした世界の中に構造が見え始めたのです。この件はもう少しあとでお伝えするとして、まずはレンタカーの中へと戻りましょう。

私はさっと右に曲がり、ランド博士の家の車庫へと延びる私有車道に乗り上げました。そこで私は心を落ち着けるのに少し時間を取りました。ランド博士は80代半ばでしたので、もろくて弱い、腰が曲がり足を少し引きずっているような男性だろうと思っていたのです。私の言っていることを理解してもらうには、大きな声でゆっくりしゃべらなければと自分に言い聞かせました。私はドアを強くノックし、彼を待ちました。

ドアが開いたとき、私は本当に驚きました。見上げると、そしてさらに見上げると、背の高いがっしりとした身体から伸びるよく鍛えられた腕が私に向かって差し出されたのです。もし彼の青く澄んだ優しい目、すべてを見通すかのようなきらめきを放つ目を見ていなければ、そのまま引き返していたことでしょう。彼の目の上には白い毛虫のような眉毛がぶらりと下がり、日に焼けた顔には雪のように白いあごひげが、これまた雪のように白い髪の毛とつながっていて、まるで顔が雲の中に浮かんでいるように見えました。

深く穏やかな声は優しい雷鳴のよう響き、次のように言いました。「ようやく会えましたね、フランク」お互いを抱擁したとき、彼の力強い腕は私を圧倒し、もろく弱いのではないかという思い込みがすべてふきとびました。数分後、紙や本が散らばる丸いモザイク柄のコーヒーテーブルをはさんで、私たちはランド博士のリビングでくつろぎました。私はその日も、そして翌日もほとんどの時間をランド博士に質問することに費やし、考えられる別の状況や、そのほかの仮説をもちかけました。しかし私はそうする間、人生に隠された学びをもっとも鋭く観察する観察者の心から流れる叡智の泉に浸っていたのです。彼が教えてくれたのは次の通りです。

変容の理論は、自然界がどのように完璧な調和の中で成長し、進化するかを理解するための方法です。自然界は然るべきときに然るべきことをおこないます（このことに気づくだけでもうわべだけの秩序や目的を求める多くの魂に平穏と調和をもたらしました）。自然界はただ反応するだけではありません。自然界は創造的です。さらに自然界は三つの明確な段階の創造を見せてくれます。三つの独自の成長と変化の段階です。原子から銀河、ビジネスからミツバチまで自然界におけるすべてはこの三つの成長と変化の段階を通過します。一度この三つのレベルがどのように相互作用し合うかを理解すれば、あなたがいったいどこからきて、現在どの地点にいて、これからどこへ向かうのかが明確にわかる地図を手に入れることができます。自然界が何を求めているのかを知ると、何も知らない旅人は落とし穴や行き止まりに当惑したり、困惑することを避けられます。この地図はあなたが実り多く成功に満ちた幸せな人生を手に入れるすばらしいチャンスを与えてくれるのです。

ランドは彼の妻でありソウルメイトのベス・ジャーマンとの共同著書〝*Breakpoint and Beyond : Mastering the Future Today*〟（ブレーキングポイントを超えて：未来を今日マスターする）の中で次のように述べています。

「私は生理学、遺伝子学、科学、人類学、心理学、宇宙論そして原子物理学の分野で研究をしました。そして〝すべて〟の事例で創造性が作動するには等しく必要な自然のプロセスがあることがわかったのです。さらに重要なのは、この知識が私の人生を根本的に変えてしまったことです。この知識を得たことにより、どのようにしてすべてが組み合わさり、作用するのかを理解したのです。秩序がなく混沌としているように見えた私の世界は一変して意味を成したのです。自分がどのようにして人生の大きな変化に対応すればよいかを示してくれ、簡単な自然界の法則を応用することで、私が働く組織にも役立ちました」（注：ランドは三つの変容の段階を「形成」、「標準化」、「実現」と呼んでいます。申し訳ない、ジョージ。ここでは私たちの目的をよりよく表現するために詩的な表現をすることにします。形成、標準化、実現を「生存」、「拡大」、「愛」に置き換え、それぞれが段階1、2そして3になるようにします）

それぞれの段階は、その一つ前の段階をきちんと完結させているかどうかに左右されます。生存から愛へと飛ぶことはできません。それは自然界が許しません。また、一つひとつの段階には、その段階を達成させるのに欠かせない特殊な法則があります。のちにくわしく説明しますが、これらの法則を破ることは、はっきりと失敗を意味します。自然界は残酷だという発言を私は幾度となく聞いています。自然界が残酷に見えるのは、法則がそこにどう関わっているのかを理解していないからなのです。

残酷さは人間が創りあげたものです。何千エイカーもの森林を燃やし尽くす山火事は、その恩恵の意味が理解できるまでは残酷で無駄なことだと思われるかもしれません。山火事は雑草の浸食を食い止め、植物の病気を根絶し、森林を一掃することで光と水を受け入れやすくし、森林の養分を濃縮するという健全な森林を育む自然のサイクルの一部なのです。自然界は間違いを犯しません。自然の創造的プロセスが間違いだとレッテルを貼るのは利己的な人間の心です。では、この機会に私たちの心の混乱を止め、私たちがどれほどすばらしい自然現象であるかに気づくことにしてみましょう。

最初に、「変容の理論」のそれぞれの段階をくわしく検証してみましょう。

第1段階の「生存」の特性は発見です。有機体が環境につながるパターンやプロセスを探す動的な段階です。

第2段階の「拡大」では、拡大する創造的エネルギーがどう作用するかに焦点を当てます。この段階での成長は、作用を繰り返し、改善して発展させていきます。

第3段階の「愛」の特性は、革新です。第1段階で拒否された要素を含む、まったく新しい違う何かを創り出します。

ここからは三つの段階を説明し、これらがどのように自然界と人間関係の中で作用しているのかを日常でよくある例で示していきます。簡単に言うと、この三つの段階の簡単な原理をつかみ、どのように各段階を行動に反映させるかを知れば、人生を大きく変容させることが可能となるのです。

「変容の理論」の3段階

●第1段階：生存

成長の段階、創造されるものは発見に頼る。成長する有機体は環境とつながり、成長を達成するための最初のパターンを模索する。

●第2段階：拡大

第1段階で達成のパターンが発見されたら、成長するためにそのパターンを繰り返し、さらに改善して発展させることで、さらなるパターンを構築する創造力を要求し始める。

●第3段階：愛

システムが創造的な革新として現れ始める。以前排除されたものを統合することで、古いパターンの中に新しく違うものを取り入れる。

ランドは、システムとは一つで完全なものを創りあげる集合的要素と定義しました。この定義が重要なのは、この三つの創造的変容の段階はすべてのシステムにおいて機能するからです。有機的には、システムとはある個人かもしれませんし、一つの細胞、細胞の進化の歴史、組織、もしくは文化全体かもしれません。もしかすると、分子、山、マセラティ、または生きて呼吸している私たちの地球かもしれません。

ではここで「変容の理論」のもっとも重要な部分を明らかにするために時間を取ることにしましょう。

まず、ドングリのライフサイクルを追ってみましょう。ドングリが木から落ち、土に埋もれ、発芽するのを待っています。発芽するやいなや、ドングリは生存モードに入ります。ドングリは芽を出し成長するためにすばやく環境を見極めなければなりません。

芽を出そうとしているドングリがまずしなければならないのは、どの方向が地上なのかを見定めることです。また、ドングリは適量の水分と養分を取り入れる必要がありますし、毒素も排出しなければなりません。たとえばもし土壌が酸性に傾きすぎているなど何か一つでも適していなければ、種は芽を出すためにすぐに環境に適応しなければなりません。第1段階の生存の段階では新芽は有益なものを取り入れ、それ以外は排除しなければならないのです。もしすべてがうまくいけば、新芽の成長は安定し苗木へと成長するでしょう。

そして次に苗木のやるべきことは、成熟したオーク（訳：樫や楢）の木に成長することです。そこへ到達するためには何をどうすればいいかを苗木は知っていて、うまくいったことを繰り返してさらに改善し、大きく発展させていきます。これらが第2段階の拡大するおもな特徴です。

ここからは苗木は木に成長することがすべてとなります。苗木は子どものように環境から得られる必要なものをすべて取り入れ、より強く、より高く成長するために、それらを自らに注ぎ込みます。苗木を取り囲む環境は苗木が必要なすべてを提供しますが、見返りはあまりありません。

そして苗木がついに木になると、成長した木は環境に還元し始めます。これが第3段階、愛の段階の重要な特徴です。思い出してください。愛とは二つの物が一つになり、さらなる調和を生みだすことでした。環境は木を支え続けますが、ここでやっとオークの木も環境に還元できるのです。成熟したオークの木は空気を浄化し、温室効果ガスと闘い、酸素を生みだします。木は大気に水分を放出し、水質汚染を減少させ、土壌浸食を食い止め、土壌を肥やし、野生動物や人間たちへは植物を、野生動物にすみかを提供し、このサイクルを続けるために再び小さなドングリを実らせます。オークの木と環境の愛の相互作用によりすべてに恩恵がもたらされるのです。

ここで注目してほしいのは、それぞれ各段階の中でも三つの段階の特徴は見受けられますが、その段階にとってもっとも特徴的な性質が一番強く現れるということです。たとえば、拡大の段階では役に立つものを探し、改善して増やすという特徴があります。拡大の段階にも生存と発見の第1段階と、以前は使わなかったアイデアや体験を使い改革する第3段階の時期があるのです。しかし、各段階の主要な原動力は一つです。もちろん、オークの木が成長するそれぞれの段階にもほかの段階の特色はありますが、その段階の中の特性より優位に立つことはありません。

オークの木と環境にとってはけっこうなことですが、これが二人の人間の関係性だったらどうなるでしょう?

ではここでジョンとマーシャがロマンティックな関係をこの三つの段階の過程で展開し、やがて普遍的な愛へと変えていく様子を見ていきましょう。二人が出会い、ロマンティックな恋に落ち、お互いの関係を安定させて成長し、第2段階の最後に危機を迎え、最終的に変容の愛の段階へと成長して完全に新しい関係を創りあげていく過程を追いかけてみましょう。

ジョンはコーヒー店で屋外にある最後の空きテーブルに座ることができました。スマートフォンのメールをぼんやりと見ながら、けだるそうにラージサイズのホイップ抜きのトッピングつき低脂肪ソイラテを飲んでいたとき、ふと見上げた先に女性がいました。その女性はまるで天国から舞い降りてきたようにはじける太陽の光の中で佇んでいました。女性は席を探していたので、ジョンは何も考えることなく立ち上がり、腕を伸ばし手のひらで彼のテーブルに空席があることを伝えました。

マーシャは初めて彼に気づき明るい顔になりました。彼女の足は、心が彼の招待を受け入れたと気づく前に動き始めてました。ぎこちない会話が数分続いたあと、親密さが二人の間に流れ始めます。お互い知り合ったばかりなのに、古くから知っていた友人のように感じたのです。ジョンはマーシャのカップの中身が空になった音を聞くと、ナイトのように礼儀正しく次の一杯はどうですか、と申し出ます。

「何を飲んでいるの?」彼は聞きました。

「ラージサイズのホイップ抜きのトッピングつき低脂肪ソイラテ」と彼女が答えたその瞬間、ジョンは人生をともにするソウルメイトに今ここで出会ったとわかったのです。こうして、二人の関係における第1段階がうなりをあげて始まりました。

そこからの数か月、ジョンとマーシャはお互いに会える時間はいつも会っていました。コンサートや映画に足を運び、サイクリングやハイキングにも行き、一緒にタンゴのレッスンを受け、一晩中踊り明かしたりもしました。二人は真剣にお互いの信念、希望、恐れなどを話し、分かち合うことで、お互いを人生そして魂の深いところまで招き入れ、一緒に笑い、愛し合い、この新しい絆の境界線を試してみたりしました。新しいアイデア、感情、体験をお互いに与え合い、新鮮な愛にしか生み出せない情熱をもってそれらを探求しました。

すべてがうまくいったわけではありません。抽象的なアートの個展はマーシャを刺激しましたが、ジョンはこれまでにないような大きなあくびを手で覆い隠していました。ジョンはマーシャをホッケーの試合に連れて行きましたが、ジョンが試合中ほとんど立ってこぶしを突き上げながら大声で応援している中、マーシャは大きな音と荒々しさに尻込みし、手で耳をふさいでいました。しかし、うまくいかなかったことは、さらりと横におかれ、二人は新しい体験をお互いに分かち合う旅路を続けていきます。

お互いへの好意が育つにつれて、二人はうまくいくことを繰り返し、改善し、拡大するという第2段階へと入りました。安いアパートを街で見つけ、一緒に暮らし、日々の生活に落ち着き、一つの共同体となったことを長い人生でお互い成長し支え合う約束の始まりだと捉えました。突発さは身をひそめ、二人の関係性は意外性のないものに変化し始めます。一晩中語り合うことはなくなり、そのかわりに夜ぐっすり寝ることを選び、海辺のリゾートで過ごす週末は、ホームシアターが完備されたマイホーム貯金のために公園での散歩に変わりました。

やがて二人は、責任感のある仲間とともにより責任をともなう仕事へとつきました。そして、この先やってくるもっとすばらしいことに備えて、生後8週間のゴールデンラブラドールを引き取り、レディと名前を付けました。6か月の同居の末、ジョンは片膝を床に着けプロポーズをします。マーシャは「イエス、あなたと結婚するわ！」と返事をして、一年後二人は人生をお互いのために捧げることを結婚式で誓いました。

結婚して最初の7年は、共同体である二人の輝きは安定し、驚くような喜びもありました。彼らは美しい二人の子ども、やんちゃな男の子（ジョン・ジュニア）と聡明で好奇心あふれる女の子（アレクサンドラ）に恵まれます。ジョンとマーシャはそれぞれ仕事で昇進し、マーシャは経営管理学修士号を得るために夜間学校に通いました。よく手入れされ、教育システムも整っている地区にマイホームも購入しました。ジョンとマーシャは人生に誇りをもち、未来に対して意欲と希望を抱いていたのです。

そこから次の7年間で、バラ色だった人生はしだいに色あせていきました。ジョンとマーシャはこの時期に30代を費やしました。20代のころに感じていたエネルギーと情熱は30代では身を粉にして働くという固い決意に変わり、子ども、仕事、経済的なストレスが彼らのエネルギーを消耗し、お互いのために時間を割くこともとても少なくなってきました。

40代前半では、ジョンとマーシャは結婚生活に何かが欠けていると密かに感じていました。幸せで、きちんと機能した家族という目的を達成するためにたくさんの責任を負い、二人で過ごす時間はとても少ないものとなりました。一度はお互いのために生きていた人生が、今や時間を仕事や子どもの用事、食料の買い出し、社交行事、教会での活動、家の修繕、請求書の支払いなどなど無数のやらなければならない必要事項に割くようになったのです。

彼らはその日の出来事、時事に関する意見、となり近所の噂話や家族の話、未来への夢などの何気ない会話をする時間もなくなりました。本来リフレッシュしお互いにワクワク楽しめるようにと取っていた毎年恒例の休暇も、休暇から戻ると出発前より疲れるようになりました。セックスの頻度も減り、短くなり、かつてあった時間や優しさにあふれた情熱は欠けてしまい、単なる肉体的解放になってしまいました。活気とひらめきにあふれた就寝前のおしゃべりは、ありがたい深い睡眠へと急激にあせていきました。

二人に深く流れる不満はいつしか外側に現れ始め、言い争ったり、お互いを中傷するようになります。仕事や社交行事で、かつてあった自由や楽しさを思い出させるような人たちに出会うと、彼らは、もし違う相手と一緒だったらどんな感じがするのだろうか、と思うようになりました。二人はひどく孤独でした。


ジョージ・ワシントンは次のように言いました。「気の乗らない相手といるより一人でいた方がいい」ジョージ・ワシントンは、うまくいかない関係ならば、そこに留まるよりも去ったほうがいいと信じていたのです。

第2段階「拡大」の終りでは、二人はお互いに対してこのような嫌な感情をもちつつ一緒に暮らし、お互いを感情的に孤立させ、自らを隔離した状態で残りの人生を生きていきます。この二人は第1段階で感じたような熱意や、第2段階で感じた達成感をよみがえらせることはできず、普遍的な愛が待つ第3段階への鍵も見つけられずにいます。二人は行き詰まって動けませんが、私たちも知っているように、人は同じ場所に留まることができません。ランドが言うように、人は成長するか、死ぬしかないのです。彼らはなすすべもなく、ただかつてあった美しさが衰え朽ちていくのを眺めることしかできないのです。

ランドが「成功ほど失敗するものはない」というのはこのためです。ジョンとマーシャは二人の関係を探求する第1段階の「生存」では成功し、第2段階の「拡大」で関係性を構築し、さらに拡大してきました。今までの状況をおさらいしてみると、ジョンとマーシャは「いい人生」を送ってきたと認めざるをえませんでした。本当なら二人で達成したことを大喜びすべきです。

ではなぜ人生を静かに振り返ったときに二人はこうも孤立を感じ、お互いに対して、そして人生に対して満足できないのでしょうか？　彼らは前に進む時がきたことに気づいていないのです。新しいパートナーや人生ではなく、新しい変容の段階へと進む時がきたことに気づいていないのです。「変容の理論」の基本的原則を、この不運な二人は理解していなかったのです。彼らの成功そのものが環境を変えてしまったのです。そしてその変化が彼らに新たに違う要求を生みだしたのです。二人の自由きままな第1段階でのライフスタイルは、第2段階で安定に変わりましたが、要求されることが変わるにつれ、環境も変わり、そこからまた新たな要求が発生したのです。

では、第1段階と第2段階を少し違う目線から見て、ユースティルネスがどのようにすべてを素敵な小さな箱に納め、普遍的な愛のリボンをかけてくれるのかを見るとしましょう。

ジョンとマーシャの「生存」段階は、やがてやってくる第3段階の普遍的な「愛」の予兆であるロマンティックな愛に突き動かされていました。「拡大」の段階では計画の安定と目標に向かい、いかに突き進むかにかかっています。彼らの関係を変容させるにはジョンとマーシャはまず活気にあふれた最初の数か月の生存の段階を再訪しなければなりません。徐々に衰退する第2段階の日々で、彼らは再度活気を取り戻すために昔楽しんだことをやってみました。

ここでの誤りは次の通りです。もっとも深い秘密をお互い話したあとに、ダイナー（訳注：簡単な食事ができるアメリカの簡易レストラン）で食べた朝5時の朝食が二人の距離を縮めたわけではありません。出来事そのものが二人を近づけたのではないのです。似たような魂をもつ、オープンで鮮やかで創造的で、なおかつ完全に自分を支えてくれる相手と一緒に行動したから距離が縮んだのです。彼らはお互いの人生に対する見事なまでの欲求を生みだし、自然に想像的であり創造的でもあったのです。

しかし、一方だけに傾いた人生は絶望的です。彼らの第1段階の人生はわずかな秩序と方向性、そして多大なエネルギーを費やす様子を映し出しています。流れ星のように明るく一瞬で燃えつきてしまう危険を冒したのです。生き残るために彼らは拡大の段階において、データを収集して計画を立て、計画に従うという、より目に見える影響がある拡大の段階に移行しなければなりませんでした。ジョンとマーシャはそのようにしましたが、おおらかさが犠牲となりました。第3段階では、第1段階のおおらかさと第2段階の秩序を統合します。これら二つの要素は愛の段階では一つになるのです。

このカップルは「変容の理論」で2番目に大事な教訓についても無知でした。その教訓とは、成功するシステムは、この場合ジョンとマーシャの関係ですが、やがてとてつもなく大きく複雑になり、成長する能力を使い果たしてしまうというものです。この時点でシステムは環境と自らとの関係を再定義しなければなりません。なぜなら古い成功法はもう効果がないからです。成功ほど失敗するものはありません。本当の愛の意味を学ぶ時がジョンとマーシャにおとずれました。

今日世界でもっともスピリチュアルな影響を与える人と言われるエックハルト・トールは、誰かと関係をもつのは恋に落ちるためではなく、気づくためだと私たちに伝えています。トールはここで条件付きの愛について言及しています。

しかし、彼はいったい私たちに何に気づいてほしいのでしょうか？ トールは、純粋な気づきに気づくことが普遍的な愛の基盤だと主張しています。あなたが純粋な気づきに気づくとき、あなたは条件付きの愛を超越し、愛のバロメーターを普遍的な愛へと再調整し、生き生きとした健康、幸せと調和の世界へと飛び出すことができるのです。あなたは普遍的な愛を理解するだけでなく、普遍的な愛に「なる」のです。トールは、この簡単な気づきが人類を自己破滅から救うと信じています。私も同じようにそう信じています。

ジョンとマーシャにはジレンマがあるのです。ジョンもマーシャも創造力に富んだ第1段階の感覚に戻ることはできませんし、第2段階の原理的思考を続けることもできません。命とは成長していくものなのです。二人が体験している不快感と幻滅は彼らの関係がエントロピー的で、誰も住んでいない空家のように崩れ始めている証拠です。母なる自然は、「絶望の先にまだ喜びが存在する道がある」と最初は優しくささやき、そして後にもっと大きな声で伝えてきます。彼らはその声を聞くだけでいいのです。

母なる自然の声を聞くためには、その本質を知覚しなければなりません。驚くべきことに、それはあなたの本質でもあるのです。ユースティルネスは、生きるために、そして愛するために必要なすべての取扱説明書を種子に包みこんでいます。ユースティルネスこそがすべての思考と物に充満している秩序なのです。すべての思考と物を繋ぐこの本質にあなたが気づいていないとき、あなたはそれらがもっとも基礎的なレベルでお互いにどのようにかかわっているかを知ることはできません。

レンガとコンクリート、木材とワイヤーを見たときにそれぞれの個性をありがたがることはできます。熟練した大工がこれらを使って何をするかはあなたは知り得ません。しかし、彼があなたに青写真を見せれば、これらの資材がファーストフード店のフランチャイズではなく2ベッドルームのバンガローになるのだと理解します。

ジョンとマーシャが直面している問題の一つは、彼らは第3段階の「愛」がどんなものなのかさっぱり見当がつかないこと、さらにその愛に生きる方法を知らないことです。それもそうでしょう。今日普遍的に愛し合っている模範的カップルがいったいどれだけ存在するというのでしょうか？　もし、自己超越者が人口の1パーセント以下なのであれば、二人の自己超越者が出会い、お互いに強い共通点を見つけ恋に落ち、普遍的な愛へと成長する可能性はあまりないとは思いませんか？

世界の見方を創造する

次頁の表はランドとジャーマンの *"Breakpoint and Beyond : Mastering the Future Today"*（ブレーキングポイントを超えて：未来を今日マスターする）から抜粋したものです。表は第2段階「拡大」と第3段階「愛」にいる人のものの見方の違いを比べています。どのような世界の見方が各行動の裏にあるのかを知るのはとても興味深いことではないでしょうか。

一般論として、第2段階はマズローの低層の欲求に、第3段階は自己実現の欲求に沿っています。

（注：元の表は「標準化」と「実現」を使用していましたが、ここでは「拡大」と「愛」に変えてあります）

世界の見方の変化
——拡大（第2段階）から愛（第3段階）へ

	第2段階（拡大）	第3段階（愛）
思考法	論理的／理性的 直線的／連続的 分析 知っている 推論的 意識的／計算的	創造的／想像的 直線的でない／不連続的 統合 学んでいる／探求 帰納的 直感的
態度	確信的 意思判断	好奇心にあふれている ビジョンに基づく選択
過去との決別法	応答する／反応する 過去と比べる 単調 エゴイスト 共依存 不調和 皮肉的	新たに始める／予期する 現在を体験する 驚嘆／畏敬／意欲 健全なエゴ 相互依存 調和 楽観的

価値	いつくしみ 罪悪感 自己快楽 秘密主義／用心深い 競争的 問題主義 専有／得る 得る／失う しがみつく 保護的／防御的 安心／安全	愛すること 自己受容 楽しみ 開いている／正直／率直 協力的 機会主義 共有 Win・Win 手放す 開放的／目に見える 冒険的
信念	恐れ／不安／心配 疑い 判断／責め／欠点 欠乏 制限 性差別／人種差別 善／悪／正／邪 保守的／伝統的 古いパターンを繰り返す 過去を守る	信頼／驚嘆／敬意 信頼 受容 豊かさ 可能性 違いを受け入れる 判断しない 進化的 新しいアイデアを探求する 未来を創造する

もちろん、長い期間続く美しい愛もありますが、カップルにいったいどうすればそのような関係を続けられるのかとたずねると、次のような決まり文句が返ってきます。

「怒りを抱えたまま寝室に入らない」または「お互いを尊重し、お互いに敬意を払っている」。愛の段階の実際の仕組みを彼らは知らないようです。彼らはなぜお互いをそんなに深く愛しているのかわかりません。ただそうだと知っているだけです。しかしすべてが変わる時がやってきました。私たちの注意を普遍的な愛の仕組みへと向ける時がやってきたのです。

あなたの気づきをユースティルネスの中に存在させると、あなたの最初の知覚は静寂《スティルネス》がすべてに浸透していることに気づきます。この知覚が全体性、満足感、根本的な秩序の感覚をもたらします。そして、この秩序と統一性の感覚がユーフィーリングを押し上げます。ユーフィーリングこそが青写真です。ユースティルネスとユーフィーリングに気づくとあなたの知覚は外側へ動き出し、直感、感情、思考として表現されます。これらが創造におけるレンガ、木材、ワイヤーなのです。ユースティルネスが可能性であり、ユーフィーリングが表現であり、熟練した大工は心に完成図とすべての要素である材料をもっていて、すべてを一つにし、創りあげる方法を知っているのです。

ランドはしばしば〝未来への引き〟というものについて語ります。彼は未来への引きを「変化を促すのにもっとも力強い力」と呼びました。ユースティルネスの手のひらにはその力が握られています。変化を促すのにもっとも力強い力とは何でしょうか？　もちろんユーフィーリングです。ユースティルネスに気づくと、ユーフィーリングがあなたの中で目覚め、あなたを導き、あなたを未来へと引っ張っていくのです。

第3段階の普遍的な愛は過去から、人から、物から、過去に起こった出来事からあなたを引っ張り出します。それと同時に、あなたは新しい愛の世界へと入り、アイデア、人、場所、出来事を一つに統合し、さらなる調和を創造します。ユースティルネスの気づきはあなたをとても特別な場所へと連れていきます。純粋に内なる本質を知覚すると、自分のためにならないものを見分けることができるようになります。

汚い水に一粒の砂を入れても、ほかの不純物との見分けがつきません。純水に砂を一粒入れると、簡単に砂を見分けられます。直感は浄化され、完璧な知覚をもたらします。より多く調和の機会に恵まれ、よい決断をするようになり、あなたはずっと笑顔でいる自分に気づきます。恐れを感じること、心配や過度に注意深くなることも少なくなります。誰かと一緒にいることを楽しみますが、自分が完全だと感じるのに彼らを必要とはしません。あなたはあなた自身です。無限の親しみのようなものを人だけでなく物にも感じます。岩とあなたは同じ静寂を分かち合っていることに気づき、雨粒が水たまりの上に落ちる様子が予想もしない喜びをもたらします。静寂とともにあるすべてが命にあふれています。

普遍的に愛し合う二人になるためには、ジョンとマーシャはまず現在の関係を手放す必要があります。古い関係にしがみついているかぎり、彼らは新しい関係を築きあげることはできません。不思議なことに、二人を見ていると私はサルが木から木へと移動する様子を思い出します。サルは何の努力をすることもなく枝から手を離し、次の枝をつかみながら木々の間を動きます。もし枝から手を離さなければサルは枝の先にずっと絡まったままでしょう。馬鹿げてるとはわかっていますが言いたいことはわかっていただけると思います。

では具体的にジョンとマーシャは何を手放しているのでしょうか？　彼らは自分自身、そして頭の中で描く自分を手放しています。古いアルバムを手放しているのです。古いアルバムは棚にしまい、新しいアルバムをつくる時がきたのです。新しい写真はすべて静寂《スティルネス》から始まります。これが二人の新しい基準点、静寂の試金石です。ジョンとマーシャはそれぞれがまず自分の内なる本質と仲良くならなければなりません。もしそれを怠れば、彼らのすべての思考、言葉、そして行動が過去からの罪悪感や、未来への不安という低階層の動機に基づいたものになります。私はこれを「未来を過去に見る」と呼んでいます。これは過去から未来へとジャンプし、どの地点に自分がいるのかを探るため、また過去に戻るのです。私たちが誰なのかは動きのない静寂の中、今現在にしか見つけることはできません。

ジョンとマーシャが愛の段階へと移行するには、お互いが内なる核の部分、もしくは本質である個として誰なのかを見つけることです。お互いがどんな人間なのかは表面的にはすでに理解しています。マーシャは、ジョンが歯磨き粉のキャップを戻すことがどうやらできないことや、何かあったときは、そのことを話してくれるまでに1日から2日はそっと一人にしておくことが必要なことを知っています。

ジョンは、マーシャが自分のいびきで夜目覚めるにもかかわらず、いびきをかいていることを否定し、まだ何年も先のことなのに子どもたちが家を出て自立する日のことを心配しているのを知っています。このようにお互いの性格の特徴を理解することは成長と拡大の第2段階では重要ですが、それを超越するにはもっと根本的なことを理解しなければなりません。そのためには、ジョンとマーシャそれぞれが内なる気づきとさらに親密になる旅に出発しなければならないのです。二人はまずユースティルネスを知る必要があるのです。

これがジョンとマーシャが内なる自分を発見し、そして内なる自分と友人になるための最初のステップです。自分の内なる本質と普遍的な愛と親しくなればなるほど、さらに普遍的な愛を自分のパートナーにも見い出せるようになるのです。この教えはソクラテスがかつて教えた「汝自身を知れ」という古代叡智の殿堂の中まで響きわたります。うまくいけばジョンもマーシャも、あなたがもうすでに知っていることを学ぶでしょう。それは、ユースティルネスと自然に絆をつくり、ユースティルネスを生涯の友とするのは簡単だということです。

自分自身の内面へと落ち着いたら、ジョンとマーシャは新しい世界に手を伸ばし、探求するのに必要な揺るぎのない土台を手に入れるのです。二人は条件付きの愛という鎖と低階層的欲求からくる神経質な行動に別れを告げます。もうお互いに頼って低階層的欲求である安全や自己価値、お金や物質がもたらす心地よさ、そして自己尊重や自信を満たす必要はありません。彼らを縛り付ける影響から自由になることで、自己を愛する気持ちをもったまま相手と心を通わすようになるのです。新しい息吹と鮮明な命が二人の関係に吹き込まれるのは驚くべき発見でしょう。新しい関係は恐れを源にしておらず、わがままな愛ではなく自己愛に基づいています。個人として好みや必要性、目標は違っていても、お互いの本質は同じだと理解しています。

もしジョンとマーシャがユースティルネスに気づかずに愛の関係を偽造しようとするならば、二人の関係はうまくいくことはないでしょう。彼らは幻の普遍的な愛に進む動機として、感情や知性を頼らなければならないでしょう。それは馬の前に荷車を置くようなものです。普遍的な愛へと向かって努力して進むことはできません。

ランドがことあるごとに指摘するように、普遍的な愛へと引き込まれなければならないのです。愛へと駆り立てる力は愛そのものです。ユースティルネスに気づき始めると、あなたは愛の中で生きます。直接愛に触れることで、愛とは何か正確にわかるのです！　愛を存在させようと期待したり、希望をもつことはもちろんできませんし、論理や分析で愛を捉えることももちろんできません。あなたが愛の中で生き始めると、純水の中の一粒の砂のように、いとも簡単に人、場所、物、活動が愛に支えられているのかどうかがわかるようになります。あなたは人生を自己超越者の目とハートで見るようになります。あなたが自己超越者なのです。普遍的な愛を完全に感情で把握することや、その複雑さを理解することはできませんが、呼吸のように簡単に、そして自然に普遍的な愛の輝きの中で存分に生きることができるのです。

内なる自己に気づくと、自己超越者のカップルはお互いの本質を共有しなければなりません。普遍的な愛は自然に二つを一つにするので、お互いの本質を分かち合うのは自然で簡単です。第1段階と第2段階でそうだったように、もし今後も一緒にいるのであれば、お互いに努力しなければなりません。

しかし、ここが多くのカップルが失敗するところでもあります。多くのカップルは昔あったものを再現しようとしますが、これはまったく効果がありません。まず未来は確率が渦巻く海で、そのときの直観に開かれた形のない可能性がある場所だと捉えなければなりません。第2段階でおこなう5年計画のような予測とは違い、第3段階の過程にいるカップルは普遍的な愛の作用に永久に驚かされるのです。彼らは内なる活力と、分かち合う歓び、そして無条件に受け取る歓びの中へと前進するように引っ張られるのです。旅路は満足感にあふれ、目的の重要さは二の次となります。実り多き見えない力による自発的な目的の実現は永久に彼らとともにあるのです。そして彼らはすべてがありのままで完璧だという信頼を深めていくのです。

普遍的な愛を実際に体験して、あなたのハートと知性のロックを解除する時はとっくにきたようです。あなたのハートは愛の可能性、または愛との統合へと開き、そしてあなたの知性はどの可能性を探求すればよいのかを決めてくれるでしょう。ハートと知性のどちらか片方だけでは間違いを犯してしまうこともありますが、繊細なユースティルネスの領域から二つを連携させれば強力なチームになります。

ここでランドがセミナーで教えている簡単で効果が高い実践方法を紹介します。私たちはそこにユースティルネスという要素を加えるとしましょう。やり方は次の通りです。

普遍的な愛で癒す方法

・誰かと対立していることは何かを考えます。その状況やなぜそうなってしまったのかを考えましょう。
・相手に対してどのように感じているかに気づきます。
・ネガティブな感情をもっとも強く感じたら、その強度を0から10で測ります（0は感情がない状態、10は耐えられない状態）。
・ユースティルネスに気づきます（30秒から60秒ほど）。
・無限の愛を体験したときを意識します（30秒から60秒）。
・その無限の愛を保ったまま困難なことを再び考えます。対立を観察しながら愛のみを感じましょう。対立を見つめ無限の愛を感じましょう。対立を修復しようとしたりせず、ただ普遍的な愛の観点から対立を眺めます（30秒から60秒）。
・再度ユースティルネスに気づき、その後普遍的な愛に気づきます。
・再度最初の対立を思い出し、0から10で測定します。
・ユールティルネスに気づき、その後ユーフィーリングに気づきます。

おそらくあなたは自分のネガティブな感情が劇的に解消されるのを体験したでしょう。最終的にネガティブな感情を引き出すことさえできなくなっているかもしれません。その状況は依然としてありますが、ネガティブな感情からは完全に自由になっています。それに付け加え、あなたは普遍的な愛という暖かい毛布にくるまって守られているかもしれません。

もしネガティブなニュアンスが強い出来事を選べば、ネガティブな感情がこの短いセッションの間にさらに強くなるという体験をするかもしれません。これは普通であり、深い感情的癒しが起こっているいい例です。そのときは数時間もあれば十分なので、少しの間待ってからユースティルネスの普遍的な愛のテクニックを繰り返してください。長い間深く根付いていた破壊的な関係性がどれだけ早く修復されるかにきっと驚くことでしょう。

普遍的な愛は境界線を壊すことはなく、境界線を統合します。普遍的な愛に気づいたあと、再度相手との間にあった対立を思い出すと、愛の中で違和感はすぐに和らぎ、解消されるでしょう。ネガティブな感情が生き残れる唯一の方法は、ダメージを与える感情が解消され始めたときに意識的にそれを取り戻そうとすることです。もしネガティブな事がらにぶら下がっている自分を見つけたら、ユースティルネスの普遍的な愛のテクニックをすぐに、もしくは時間をおいて再度繰り返してください。

この本を開いてからというものの、あなたと私はたくさんのことを一緒にやってきましたね。でもまだお別れを言う時間ではありません。しかし、一緒に過ごす時間は終わりに近づいてきています。ぜひこの関係を深めていくことをおすすめします。私との関係ではなく、自己との関係です。次の章はどのように自分自身を愛するかということに捧げています。次の章を読み終えれば、日常でユースティルネスを確立させる方法がしっかりとわかるようになります。あなたは悟りを開き、自己超越者になり、第3段階の普遍的な愛の中に生き、完全な人になることができます。これらはすべて一つで同じなのですから。

第14章のポイント

- 「変容の理論」は、自然界のすべてのシステムが否定することのできない三つの段階「生存」「拡大」「愛」を経て進化することを理解するための方法である。
- 自然界は然るべきことを然るべきときにおこなう。自然界は反応するだけでなく創造的である。
- 普遍的な愛は、境界線を壊すのではなく統一する。
- 成功ほど失敗するものはない。かつて成功したことが失敗し始めたら、新しい段階に移る時期である。
- ユースティルネスの知覚はユーフィーリングを発生させる。ユーフィーリングは愛の段階へと移行する進化の青写真である。
- 普遍的な愛へと向かって努力しない。普遍的な愛の存在を期待したり希望をもったりしない。
- ユースティルネスはあなたのハートと知性のロックを解除する。ハートは愛の可能性へと開き、知性がどの可能性を探求するのかを決める。
- 第3段階の関係は、手放すことと信頼することを統合する愛の中で求められる。
- 誰かと関係をもつことの喜びは、末広がりに報いがある。

第15章 ❧ 完全な人になるために

ユースティルネスと過ごす90日

もし成功したいのなら、成功することを目的にしてはいけません。
あなたが愛し、信じていることをただおこなえばよいのです。
そうすれば成功は自然にやって来ます。

デービッド・フロスト

慣れてしまえば「完全な人」になるのは簡単です。ユースティルネスを根付かせて、習慣にすることは意外と簡単です。なぜならユースティルネスから得られる反応はいつもとても心地よく感じるからです。しかし、新しいスキルを学んでいる最中は、日常に取り入れるには少し時間がかかるかもしれません。

ユースティルネスを根付かせ、完全な人になるための「90日プログラム」をダイエットやエクササイズのプログラムのように捉えないでください。このプログラムは簡単で、やっていて楽しいと感じるときにだけ効果があります。楽しむことがあなたのもっとも重要な仕事です！

もうすでにご存じのように、ユースティルネスを無理やり知覚することはできません。動かずにじっとしていようという試みは「努力」です。そして努力することは活動の一つです。静寂の活動を〝おこなう〟ことはできません。言っている意味がわかりますか？　静寂をおこなうことはできないのです。静寂で〝在る〟ことしかできません。ですから気軽に楽しみながらおこなってください。

最初は、ユースティルネスに気づくという意識的な方向付けが必要になるかもしれません。しかしいつもそうではありません。実際にはこれから短い時間であなたはユースティルネスを思うだけで、すぐにユースティルネスに気づけるようになります。

それはまるで寒い日にコートを着るかのようです。コートを着るとまずその重さとあたたかさを感じます。しばらくするとコートのことは忘れ、やらなければならないほかのことに取りかかりますよね。しかしコートはいつもあなたとともにいてあたためてくれています。あなたは好きなときに「私はコートを着ているだろうか？　そしてコートは私をあたためてくれているだろうか」と考えることができます。すると、あなたの意識は瞬時に努力することなくコートへと向かい、そこにコートがあることに気づくでしょう。そしてコートがあなたをあたためてくれていることにも気づくでしょう。

コートはユースティルネスに似ていて、コートのあたたかさはユーフィーリングに似ています。あなたの心がそれに慣れ親しんだら、もしかしてそれはあっという間かもしれませんが、コートとあたたかさを同時に気づくようになるでしょう。あなたは完全な人になる歓びの根底と一つになる静寂《スティルネス》を知ることができるのです。

最初にユースティルネス・テクニックを学んだら、すぐにこの90日プログラムをおこなってユースティルネスを毎日の習慣に根付かせるのがよいでしょう。完全な人になるには努力などいりませんし、それは実はとても楽しいものなのです。無理強いしたり「どうにかしよう」とするものではありません。努力などほとんどいらないからこそ効果が出るのです。

私が「ほとんど」と言うのは、最初はどうしてもユースティルネスに「気づく」ためにはそこへ意識を向けるワンステップが必要があり、このためにはあなたがおこなっている行為からユースティルネスへシフトする注意力が必要です。しかし、あなたはこのプログラムにきっと驚きます。今から短時間の間（90日かそれ以下）に、あなたは今までより陽気で、なおかつ実りが多く成功している存在として生きているのに気づくでしょう。

ここで簡単に次の90日間で「ユースティルネス・90日プログラム」を実践することの重要性を紹介しましょう。

今まで生きてきた年の数に4を掛けてください。もしあなたが45歳なら、45×4＝180という掛け算をします。この180という数字は、人生で90日間を何回過ごしてきたかのおおよその回数となります。

あとたった1回の90日間でいったいどれだけのことを達成できて、どんなに楽しくワクワク感を味わえるかを想像してみてください。

始める準備はできていますか？
最初にお見せしたいのは……

ユースティルネス・ミニメッド（mini-meditation：ミニ瞑想）テクニック

・あなたの身体全体に気づきます。
・身体全体のユースティルネスに気づきます。
・あなたの周りのすべてのユースティルネスに気づきます。
・ユーフィーリングに気づきます。

ユースティルネス・ミニメッドは思いついたら何度でもおこなってください。ほんの2秒か4秒ほどしかかからないので、「ミニメッド（ミニ瞑想：ミニメディテーションの略）」と名付けました。ですから、活動の合間にいつでもおこなうことができます。

呼吸の合間、文章を書く合間、一口食べるまでの合間、信号待ちの合間、思考の合間、もしあなたが10代であれば新しい彼女や新しい彼氏ができる合間にもできますね。いつも最後はユーフィーリングの中に少しの間浸ってください。ユーフィーリングがあるに越したことはありません。

ユーフィーリングは充実した静寂を、あなたがおこなうすべての中で活性化させます。この素朴なテクニックを習慣にすると、人生の展望に深遠な影響を与えてくれます。あなたはさらなる豊かさ、調和、慈しみをすべてに感じ、楽しみ始めるでしょう。もしあなたがユースティルネス・ミニメッド以外何もしなくても、悟りのエネルギーへとすぐに引き寄せられていくのを感じるでしょう。

ユースティルネス・90日プログラム

・ユースティルネスと一日を通して遊びましょう。最初は付箋などをバスルームの鏡、パソコン、車のダッシュボード、冷蔵庫などに貼ってもいいかもしれません。

その付箋には何を書くのでしょう？　何も書きません！　付箋の空白がユースティルネスに気づくには何もしないでいいのだということを思い出させてくれます。ユースティルネスが「癖」になってきたら、どんなに早く、頻繁に、努力することなくユースティルネスそのものが顔をのぞかせるかにあなたは驚くことでしょう。

・ユースティルネス瞑想（ユーメッド）を毎日習慣にすることで、「ユースティルネス・90日プログラム」の結果は最高で１２００パーセントよくなります。これはプログラムの中でもっとも効果がある方法で、夏の盛りの暑さを一気にやわらげる雷雨のような効果があります。

ユーメッドは目を閉じて座った状態でおこないます。活動的な日常からユーメッドのために時間を割いたとしても、実はそうすることでエネルギーレベル、生産性や創造性も上がり、ストレスを減らすことができます。座って目を閉じるなど時間の無駄だと思うかもしれませんが、それほど真実を遠ざけるものはありません。ユーメッドを定期的に実践すればするほど生産性は上がります。ユーメッドは本当に最高にすばらしいのです！　毎日1から3セッションおこなってかまいません。

一番いい結果は一日を通して30分から45分おこなったときに得られます。たとえば、3分のセッションを10回おこなってもいいですし、20分のセッションを2回、もしくは一回35分のセッションなどを組み合わせてもいいでしょう。それでもすばらしい結果を得られます。

一度に長いユーメッドのセッションをおこなうよりも、二回か三回の短いユーメッドセッションをおこなったほうが通常はよいようです。もしやりたければ、一日1時間までユーメッドの時間を延長してもかまいませんが、最初は短い時間を何度もおこなう形で始めてください。

多くの人がまず起床後、就寝前、そしてランチ休憩や仕事から帰った後など日中のどこかで、ストレスを解放し、エネルギーを増加させるためにユーメッドを実践しています。たった30分のユーメッドが「ユースティルネス・90日プログラム」をトップギアへと押しやり、プログラムの結果を促進させます。

（注：目を閉じておこなう長時間のユーメッドセッションでは、身体と心は非常に深い休息状態に

あるため、通常の活動にはゆっくりと戻ってください。そうしないとイライラ感や頭痛などの不快感が生じることがあります。ユースティルネス延長セッションのあとは、ただ座って1分から3分心をさまよわせてからゆっくりと活動に戻りましょう）

・毎日あらゆる形でユースティルネス・テクニックを実践したり、ユースティルネスの体験をするように心がけましょう。ユースティルネス・ヒーリングテクニックは、石、植物、チョコバーなど何に対してもおこなえることを覚えておいてください。また、遠隔でおこなうことも可能です。

次にこの本で学んだテクニックと体験のリストを載せておきます。

1. 無のテクニック
2. ユーフィーリング・テクニック
3. ユースティルネス・テクニック
4. ストップハンド・テクニック
5. コイン・テクニック
6. ユースティルネス・決断テクニック
7. ユースティルネス・普遍的な愛のテクニック
8. 普遍的な愛のテクニックで癒す方法
9. ユースティルネス・ミニメッドテクニック

10. ユーメッド：ユースティスルネス・瞑想テクニック

・ユースティルネス・ヒーリングテクニックを他者に対してどんどんおこなう。

あなたは何もやらないので相手の許可はいりません。ただただ、たくさんのユースティルネス・ヒーリングを実践しましょう。

・この本を毎日少し読む。

たくさん読む必要はありません。知性を刺激するには毎日一章程度読めば十分です。知識は体験と理解をともなって完全なものになるということを覚えておいてください。

・結果や効果を求めない。

効果がどこからかひょっこりとやってきてあなたを驚かせてくれるようにしましょう。効果は90日が終わるずっと前に現れます。しかし、それらは必要なときに必要な場所で現れます。あなたの身体と心は優先順位に基づいて癒されるので、結果や効果を探し続けることは一番の妨げとなります。

自己超越者は古典的な確実性ではなく、量子力学の確立性の中に生きています。ただユースティルネス・テクニックを楽しみ、あとは日常をそのままふだん通りに過ごしてください。コントロールを手放すとどれだけ達成できるか驚くことでしょう。

・急がない！

一日のどこかでただブラブラと「何もしないこと」を心がけましょう。その間は心をさまよわせます。すぐに電話、本、そのほかの気晴らしに走らないようにしましょう。最初は落ち着かず、なにか「やる」ことを見つけようとするかもしれません。その衝動に抵抗してください。ミニメッドをおこない、そのあとただ心を自由にさまよわせます。これによって得られる創造性と緊張の解放は、一見「稼働停止」にみえる時間を十分に埋め合わせてくれます。

・五つの自然で健康的な習慣を実践する。

きれいな空気、純度の高い水、栄養価の高い食事、適度な運動、そしてちゃんとした休息を取り入れることを習慣にしましょう。

・ユースティルネス・テクニックを楽しむ。

それがユースティルネス・テクニックなのですから。ユースティルネス・テクニックは調和がとれた人生、完全な人の生き方の自然な形です。

第15章のポイント

- 新しいスキルを学んでいる途中の段階では、このスキルを毎日の習慣に取り込むには少し時間がかかる。
- 「ユースティルネス・90日プログラム」は、あなたが簡単に楽しみながら実践するときのみ効果が表われる。
- じきにユースティルネスを思うだけで、ユースティルネスに気づけるようになる。
- ユースティルネス・テクニックを楽しむこと。それこそがユースティルネス・テクニックである。ユースティルネス・テクニックは調和がとれた人生、完全な人の生き方の自然な形である。
- 完全な人になるのは楽しく、努力はほとんど必要ない。

第16章 人類のレースに勝つ

普遍的レベルでの普遍的な愛

もしあなたが何もしなければ、世界は変わらない。決してね。

ドクター・スース

さて、一緒に過ごす時間も終わりに近づいてきたようです。とても楽しい時間を一緒に過ごせましたし、あなたもそう思っていることを願っています。そして私もたくさんのことを学びました。

この言葉がどういう意味なのか少し説明が必要かもしれませんね。もしかしてあなたもそうかもしれませんが、執筆するとき、私は自分のパソコンのモニターに現れる言葉にしばしば驚かされます。私はほとんどの場合ユースティルネスの中で執筆しています。もしかすると、この本のページを通して何らかの心地よさをあなたは感じたかもしれません。

私はまず、だいたいどんなことを読者と共有したいかアイデアを決めることから始め、あとはユースティルネスに原理、例、体験を肉付けしてもらいます。伝えたいことを説明するのに、新鮮で新しい例がパッと心に浮かび上がると本当にワクワクします。執筆とはなんと楽しいものでしょう。私は著者というよりは、あなたと同じ読者であるかのように感じます。

私は永遠に発見をしつつ、そして私が執筆していないときに隠されている秘密を暴いていきます。眠っている真実を発見するというのはすばらしく魅惑的なプロセスです。ユースティルネスという神聖な秘薬に酔いしれながら、真実は私たちの世界でどんどん明らかにされていきます。

お別れを告げる前に、触れておきたいことがいくつかあります。

私たちのスタート地点を振り返ってみると、短い間にたくさんの出来事があったことに驚かされます。一文無しからお金持ちになった話のように、私たちもまた何もないところから始まりました。しかし何もないことこそが豊かさであり、それこそが人類のもっともすばらしい宝であるという人もいます。

私たちはすべてに形とエネルギーがあると学びました。形がなくなれば、そこには無があります。エネルギーがなくなれば、そこには静寂《スティルネス》があります。そして、静寂を知覚すると、とてつもない癒しの効果があることを発見しました。ユースティルネスの知覚が健康に、調和にそして人生の質のすべてにおいて、もっとも大きな影響を与えるということ発見しました。そしてそこから私たちは一斉にスタートしました。

まず最初に、あなたはこの世界にやってきたとき、完全な人として必要なものをすべて備えて生まれてきたと知りました。そして直接体験することにより、まだそれをもっていることを知りました。

あなたは無のテクニックをおこない、純粋な気づき《ピュア・アウェアネス》はあなたの思考の向こう側から顔をのぞかせていることを発見しました。

そのあと、ユーフィーリング・テクニックをおこない、両手を広げてあなたを待つ旧友がいる部屋の扉を見つけました。

その次に、あなたはユーフィーリングの静かな深遠へと飛び込み、境界線のないすべてに満ちあふれる本質、ユースティルネスを発見しました。

そして、あなたはストップハンド・テクニックを学ぶことで、すべての物、思考、感情、そしてすべての場所にユースティルネスを見つけられることを学びました。

おそらく、みなさんはただユースティルネスに気づくだけで、自分自身だけでなく、友達、家族、そしてペットまで癒せるということに驚いたかもしれません。ユースティルネス・ヒーリングは隣に住む友人や、地球の反対側にいる友人に遠隔でおこなうことができると知って、さらに驚いたかもしれません。

コイン・テクニックが紹介されると、コインの裏と表のように、ユースティルネスの中では若さと老い、善と悪、正しいことと間違ったことなどの正反対の概念に共通項があることを知りました。すべての相反する概念には共通項があると理解したことで、心配ごとを減らしたり、内なる葛藤を解決することもできました。

そのほか心の葛藤である、正しい行動か否かを見極められない状態も、ユースティルネス・決断テクニックを学んだことで解決しました。そこからあなたは気づきをユースティルネスの普遍的な愛のテクニックとともに境界線のない愛へと広げていき、普遍的な愛のヒーリングテクニックを応用することで傷ついた人間関係を癒すことも学びました。

そして何と言ってもユースティルネスとユーフィーリングをあなたの気づきの中で一日中響かせるテクニック、ユースティルネス・ミニメッドテクニックを学びました。

この小さな本は救急箱で、その中には人類の病を癒すのに、そしてまずは自分を癒すのに（それ以外どこから始めるというのでしょう？）今必要な重要なレメディーがパンパンに詰まっています。

経験を通してあなたは人生を変容させる力強いテクニックと体験をすでに手にしています。しかし、体験だけでは十分ではありません。知識は体験による理解なしでは完全ではないのです。それはまるで、壁をレンガと漆喰で建てるようなものです。ちゃんとした形のあるレンガは知識を、形のない漆喰は体験を表します。レンガだけで壁を作っても、強い風がひとたび吹けば壁は崩れてしまいます。漆喰だけで作ろうとすればぐちゃぐちゃと散らかしてしまうだけです。しかし、レンガを漆喰の上に並べ、それを繰り返せば長持ちするしっかりとした強い壁を作ることができます。この本の中で展開された深遠な体験とともに、私は科学的研究に基づいたきちんとした哲学を用意しました。

静寂の価値が経験的に定着したところで、静止することの力強い効果を説明する、より奥深い真実を探求してきました。そこに至るまでにはあらゆる一般的な誤解を一掃してきました。なかには何世代にも渡って私たちとともにあるものもありました。早い段階で私たちは静寂《スティルネス》を直接知覚することの可能性を探り、それは瞬時に私たちの身体と心に影響を与えることを知りました。

また、多くの伝統的な「スピリチュアル」なシステムにおける何年も続く修行や学びは取り除くことができることを知りました。休息こそが普遍的なヒーラーであることを学び、ユースティルネスに気づいたときにもっとも深い休息を私たちは体験しました。

ポジティブ思考のネガティブな側面を見たのちに、科学的テクニックから「引き寄せの法則」を取り除きました。その後、ユースティルネスがネガティブ、そしてポジティブな思考や行動を支え、繋げる土台であることを立証し、ユースティルネスはネガティブな傾向に対するリセットボタンだということも発見しました。

ユースティルネスに気づくということは、恐れではなく愛に基づいた人生を再構築するまっさらな基本の状態へと私たちを導いてくれます。私たちは人間の状態をアブラハム・マズロー式に探求し、もっと豊かで満足感のある人生を送ることが可能だと知りました。そして自己超越者の性質を探求し、ユースティルネスに気づいているとき、彼らと同じ可能性が、私たちの中でふるえていることも知りました。

そして多すぎる選択肢は私たちを消耗させますが、たった一瞬静止するだけで調和はすぐに取り戻せることも知りました。私たちは愛とは二つが一つになり、さらなる調和を生み出すことだと学び、普遍的な愛とは二つを一つにする力だとも学びました。ユースティルネスが普遍的な愛の基盤だということを私たちは知り、ユーフィーリングは普遍的な愛の形だということも学びました。

次に「変容の理論」と、すべてのシステムが完全な可能性にたどり着くために通らなければならない三つの段階について見てきました。ジョンとマーシャが、生存、拡大、そして最後に愛の段階の中へと進化し、完全な人としての関係を普遍的な愛の中で生み出す様子を見てきました。

しかしまだ終わりではありません。人類全体にユースティルネスの光を照らしていないからです。私たち人間は、生存に影響する領土を拡大することで、この惑星を支配することに関してはなかなかいい仕事をしてきました。しかし、私たちはジョンとマーシャが第2段階の権力の競争とコントロール不能な成長を後にし、もっと優しい第3段階の愛の統合する力へと移行する際にもがいていたのと同様の状態に直面しています。

私たちは何かが間違っていると知っています。それはとても小さなささやきで、時に静けさの中で聞こえるというよりは体感するものです。どことなく不安で、ビクビクするそれは、不満という亡霊を追い払うために私たちをさらなる活動へと追いやります。常に忙しく、もっと稼ぎ、もっと浪費し、もっと建設し、もっと学び、もっと、もっと、もっと……と私たちを駆り立てます。

しかし、小さなささやきはなくなりません。私たちは間違いを犯してしまったのです。私たちは喪失感を物や思考で埋めようと努力します。けれども面白いことに、私たちが感じる空虚感はユースティルネスの状態であればすぐに消えるのです。相対的な静寂は物ごとをさらに悪くしますが、絶対的な静寂は物ごとを完全に癒します。人類とは個人の集まりで成り立っていますよね？　もしこれら個人の99パーセントが欠乏した領域であるマズローの低階層の欲求の中で、そしてランドの第1段階と第2段階で生きているのであれば、愛の中で生きる1パーセントの人たちはとても小さなささやきで構築されています。私たち人間は全体として第2段階的ふるまいを黙認し続けており、失敗すればするほど――覚えていますか？　成功ほど失敗するものはありません――私たちは自らを破滅寸前まで追いやるものを激しく追い求めるのです。

私たちにこの先やるべきことがあるのは明白です。歴史を数千年振り返ってみると、言葉、動物の家畜化、農業、街の建設、積み重ねられる知識、科学の発見、そして蔓延するテクノロジーが、私たちの生存、そしてほかの種を支配するのに重要な役割を担っていることがわかります。

そして第2段階「拡大」での直線的思考は、以前効果があったものはこれからも効果があると伝えます。私たちは成長し拡大することに労力を注ぎ続けますが、この考えが私たちの終焉につながることはもう知っています。私たちは違う方向へと人類を引っ張っていたのです。人類全体に対してよいことではなく個の欲に屈してきたのです。

生存と拡大という必要性だけに駆られて、私たちの先祖は小さなグループや族としてまとまりました。私たちはそのスタイルを今だに続けています。人類はグループの中でグループを融合させてきましたが、それは個々の目的を果たすだけの行為でした。私たちは生存と拡大の専門家になりましたが、いったいそれが何のためになるのでしょう？

私たちは自分たちの優れた能力のとりこになってしまったのです。成長は目的ではなく、目的を達成する手段なのです。そしてこれはほんのひと握りの人しか気づいていないことなのですが、私たちは永遠に成長し続けることはできないのです。自然界がそれを許しません。私たちは飽和点に達してしまい、成功が私たち自身を破壊しているのです。すべてはこのように設計されています。これは自然界が人類を次の章へと進化させるための道、すべての命が進化する道であり、私たちもまた例外ではありません。

私たちは物ごとがもっとシンプルだった過去へと戻ることはできませんし、このまま同じ場所に留まることもできません。どちらを選んでも私たちにとっては最後のとどめになることでしょう。私たちに残されているたった一つの選択肢は、充足感の中へと一歩踏み出すことです。

私は畏敬の念とともに、この調和の裏にある知性の深みにたたずみ、その秘密にかかわれたこと、創造を観察できたことに深い幸運を感じます。静寂《スティルネス》が奇跡の中で、そしてありふれた事がらの中に現れるたび、私は永遠の歓びに驚かされるでしょう。

謙虚な気持ちとともに言わせてください。

すべての中に静寂があるという理解、そして変容への応用こそが私たちの今ある危機的状況を超越するために必要な知識であり、また、私たちが完全な人になる可能性をようやく満たしてくれるものかもしれません。

ユースティルネス・テクニックの到来と、関連性のある新しい研究により、私たちは今、目的地にたどり着く乗り物と地図の両方を手に入れたのです。原因と結果とが一つになり、私たちは人類の心と魂を従属させていたあいまいな玉虫色の砂漠を去るのです。私たちに必要なすべては今ここにあります。唯一私たちを止めているのは、すばらしい可能性に対する無知です。この件に関しては少し感情的になってしまいますが、今回だけ許していただけるとうれしいです。

心配事はあります。普遍的な悲しみとでもいいましょうか。あたりを見回すと驚くほどの可能性が熟睡している状態から起きられずにただ横たわり、眠り続けていることに気づきます。私たちはいつか目覚めるのでしょうか。

しかし私はこう思います。これすらも自然界の完全な秩序の現れなのだと。そして私の小さな創造のひと切れは私が責任をとって扱わなければいけないのだということを思い出すのです。この助言に従い絶対的な静寂を構築し、創造したいという衝動と調和するとき、私の世界は愛であふれています。あなたは私の世界の一部であり、この本のページを通して一緒に跳ね回って成長してくださったことに感謝します。あなたが参加してくれたことに感謝し、お互いに過ごした時間があなたにとって興味深いもの、もしくはひらめきを与える時間だったことを願います。

そして一緒に過ごしてくれた以上に、あなた自身に感謝します。あなたは少数派の小さな一人です。あなたはもしかすると自己超越者かもしれません。もしくは、少なくとも愛の中で成長することに興味を抱く自己超越者になっていく人です。あなたが友人や同僚に、愛について学んでいると伝えたら、彼らは呆れたり、あなたのいないところでクスクス笑ったりするかもしれません。しかしあなたの中にある本当に小さなささやきがメガホンを掲げ、彼らの耳に向かって「起きて！　何かが間違ってる！　もうずっと長い間、間違っていてちっともよくなっていない。愛を学ぶ時だ！」と叫び出すのにそう時間はかかりません。そのとき、あなたはそこにいるでしょう。あなたの小さなささやきは、完全に静寂《スティルネス》の中にあり、あなたは「何もしていない」でしょう。

用語解説

悟り Enlightenment

↓〈ユースティルネスの気づき〉を参照のこと。

エゴを超越すること。恐れからの自由。悟りは、真実、美しさ、良きこと、統一性に突き動かされる。革新者。発見者。ユーアウェアネス（第1段階）、ユースティルネスの気づき（第2段階）の二つの段階。

ユーアウェアネス EuAwareness

ユーフィーリングに気づいた状態で現れる作用。原因と結果の縛りを超えた気づき。恐れや不調和から解放されている意識。自分の内面からではなく、自分を通して創造が生じると認識したとき、人は観察者となる。

ユーフィーリング Eufeeling

全体性の知覚。心に現れる最初の個としての光。人間の意識の自然な状態。ユーフィーリングは時間を超越しており、消えることはない。心《マインド》はユーフィーリングを純粋なやすらぎ、歓び、慈愛、至福などと認識する。ユーアウェアネスとユースティルネスの気づきの土台。

ユーメッド EuMed

ユースティルネス瞑想（*Eustillness Meditation*）。ユースティルネス・テクニックを目を閉じたままで長くおこなうこと。「ユースティルネス・90日プログラム」のひとつ。

ユースティルネス EuStillness

絶対的な静寂。形のない普遍的な愛。純粋な気づきが創り出すレンズ。心で形になる前のユーフィーリングの知覚（純粋なユーフィーリングとも呼ぶ）。

ユースティルネスの気づき EuStillness Awareness

↓〈悟り〉を参照のこと。

現象がある世界での純粋な気づきを知覚すること。絶対的、不動、不滅の静寂に気づきながら常に変化し動く現象の領域に気づくこと。思考や行動の際の、もっとも純粋な個の気づき。完全な人になること。

直感 Intuition

もっとも静かで繊細で洗練されたユーフィーリングが現れたもの。思考や感覚は直感の子宮の中に宿る。全体性の知覚。「これだ」と認識する感覚。

愛 Love

二つが一つになり、さらなる調和を創造すること。秩序や一貫性の現れ。エントロピーや死の反対。

非自己超越者 Non-Transcender

自己実現欲求以下の欲求階層グループに含まれる人たち。至高体験を経験することはまずない。

無 Nothing

↓〈純粋な気づき〉を参照のこと。

形が完全に消滅した後に残るもの。

［変容の理論］

第1段階

生存 Survival

創造力が発見を頼る成長の段階。成長する有機体は、環境と繋がるべく最初の成功パターンを模索する。

第2段階

拡大 Expansion

最初の成功パターンができあがると、成長は創造力に対して、反復して改良を重ね、拡張することでさらなるパターン構築へのシフトを要求する。直線的で分析的思考が特徴。一つの目的に向かって押し進む状態。

第3段階

愛 Love

一つのシステムが創造的な革新へと開いていく状態。以前は除外されていた事がらと新しく違うものを古いパターンの中で統合させる必要がある。非直線的で直感的思考が特徴。無限の可能性の中へと引き寄せられる。自己超越者はこの第3段階「愛」の行動を示す。

純粋な気づき Pure Awareness

不変であり、始まりも終わりもないものに気づいている状態。無、絶対的静寂。思考がまったくない状態。思考と思考の隙間。形とエネルギーを超えたもの。すべてに浸透しているもの。

自己 Self

↓〈ユーフィーリング〉を参照のこと。

自己実現 Self- Actualization

自己実現欲求グループの最初の段階。至高体験。ユーアウェアネスを知覚すること。

自己意識 Self-Awareness

↓〈ユーフィーリング〉を参照のこと。

静寂 Stillness

↓〈純粋な気づき〉を参照のこと。

エネルギーが動きを止めたときに、残されているもの。

変容の理論 Theory of transformation

自然界におけるダイナミックな創造的成長と変化のプロセスの詳細を独自に解釈し、すべてのシステムは三つの成長と変容の段階を通過するという理論。ジョージ・ランドにより発見された。

自己超越者 Transcender

自己実現欲求の中でもっとも高いレベル。プラトー体験を体験した自己実現者を含む。ユースティルネスを体験し、悟りの状態にいる。変容の理論の第3段階「愛」の行動を示す。

普遍的な愛 Universal Love

一つにする力。直接の体験を通してのみ、普遍的な愛の中に生きることができる。赦し、奉仕、受容、平静さなどは実践しても学べない。

訳者あとがき

問題に直面した時、どうしようもない窮地に追い込まれた時、私たちはその状況を打開すべくありとあらゆることを試みる。何かをすればどうにかなるだろうという思いがそこにはあるのだ。

なのにキンズロー博士はこう言う。「何をやってもだめなら何もしないのがいいんだよ」と。

何もやらないなんて一体どういう意味なのか最初はちっともわからなかったが、この本に書かれているテクニックを実践すると、驚くほどに何もやっていないのにもかかわらず、いろいろな物事が予期しない形で展開していくのだ。おそらくこんな方法を人はずっと待っていたのではないだろうか。

私たちはいつも頭で考えて、そこで得た方法こそが最善だと思いがちだが、ユースティルネスの絶対的静寂の中に自分をひたひたと浸していると、今までの自分の枠を超えたまったく別の世界があることに気づく。それは、すべてが創造される静寂の中にいるからこそ得られる感覚なのではないだろうか。

忙しい毎日を過ごしていると、私たちの頭の中は、今、目の前で片付けることだけにではなく、明日、明後日、一週間、一年後のことでぐるぐるしてしまい、そこにある情報量に圧倒される。そしてついには自分にはもうすべて手に負えないような感覚に陥ってしまいがちだ。

でも、そんな時こそキンズロー博士が言うように一杯のユースティルネスを飲んでみてほしい。するとごちゃごちゃしていた頭の中のおしゃべりは影を潜め、心と体はふっと軽くなり、さっきまであんなに心配していたことは一体なんだったのだろうかという感覚がやってくる。

洞窟にこもって何年も瞑想をする必要もなければ、特殊な食事療法をする必要もない。ただこの本の指示にしたがってユースティルネスに浸りさえすれば、そこに「無」を感じることができる。そしてその「無」の中にこそ、私たちが人生で望むありとあらゆる創造の火花が詰まっているのだ。

「無」を感じるのがこんなに簡単だなんてなんだか拍子抜けしてしまうけれど、人生において深遠なものほど案外シンプルなものなのかもしれない。

複雑さを脱ぎ捨て、シンプルな所作で自分の人生に、そして愛する周りの人の人生に変化をもたらしたい方は、ぜひ一日一杯のユースティルネスを習慣にしてほしい。

最後になりましたが、今回翻訳の機会を与えてくださったナチュラルスピリットの今井博央希社長、そしてキンズロー博士が伝えたいことを壊さずに訳文を整えてくださった編集の杉田巳樹子さんに心から感謝いたします。

二〇一五年八月　鐘山まき

…キンズローシステムについて…

フランク・J・キンズロー博士はQuantum Entrainment® (QE™)*とEustillness™テクニックの発明者であり、唯一の指導者です。世界中でセミナーや講演をおこなっています。QEやESに関する詳細については下記まで連絡してください。　*米国の商標登録

ウェブサイト: www.kinslowsystem.com
メール: info@kinslowsystem.com
電話: +1（877）811-5287

…ＱＥ関連製品…

書籍

・*The Kinslow System*（ナチュラルスピリットより刊行予定）
・*The Secret of Instant Healing*『瞬間ヒーリングの秘密—QE：純粋な気づきがもたらす驚異の癒やし—』ナチュラルスピリット、2012年刊
・*Eufeeling! The Art of Creating Inner Peace and Outer Prosperity*『ユーフィーリング！—内なるやすらぎと外なる豊かさを創造する技法—』ナチュラルスピリット、2013年刊
・*The Secret of Quantum Living*『クォンタム・リビングの秘密—純粋な気づきから生きる—』ナチュラルスピリット、2014年刊
・*Beyond Happiness:Finding and Fulfilling Your Deepest Desire*
・*Martina and the Ogre(A QE Children's Book)*

オーディオブック

・*The Secret of Instant Healing*
・*The Secret of Quantum Living*
・*Eufeeling! The Art of Creating Inner Peace and Outer Prosperity*
・*Beyond Happiness*

CD

・*Kinslow System Exercises*（CD2枚セット）
・*Exercises for Quantum Living*（CD2枚セット）
・*Exercises for Quantum Living for Two*（CD2枚セット）
・*Quantum Entrainment Exercises*
・*Martina and the Ogre(A QE Children's Book)*

DVD

・*Quantum Entrainment Introductory Presentation*
・*What the Bleep QE Video*
・*Martina and the Ogre(A QE Children's Book)*

*ウェブサイトにはさまざまなQE、ES関連情報が掲載されています。
QEの認定プラクティショナーとの個人セッション／QE Quill無料ニューズレター／無料ダウンロード／QEのビデオと写真／QEフォーラム　など

……………

日本におけるQE、ESワークショップの予定については、ナチュラルスピリットのウェブサイトwww.naturalspirit.co.jpで随時ご案内しています。

著者

フランク・J・キンズロー博士　Dr. Frank J. Kinslow

カイロプラクティック医、聴覚障害者の教師、そして臨床スピリチュアル・カウンセリングの医師でもある。キンズローシステムおよびユースティルネス・テクニックの創始者。明晰さ、ユーモア、そしてくもりのない洞察力にあふれた語りかけるような執筆スタイルとリラックス感あふれる指導法は、読者に深い尊敬と「受け入れる心」を与えている。妻マルティナとともにフロリダ州サラソタに在住。

http://www.kinslowsystem.com/

訳者

鐘山まき　Maki Kaneyama

鹿児島県出身。オーストラリア育ち。大学卒業後日本に帰国。外資系商社勤務時代から通訳・翻訳の業務を行い、結婚出産を経てスピリチュアルな業界に転職。ヒーラー、エネルギーワーカーでもある。

http://www.haniel.d-fractal.com/

ユースティルネス
何もしない静寂が、すべてを調和する！

●

2015年10月7日　初版発行

著者／フランク・キンズロー
訳者／鐘山まき
装幀／斉藤よしのぶ
編集／杉田巳樹子
本文DTP／千力舎

発行者／今井博央希
発行所／株式会社 ナチュラルスピリット
〒107-0062 東京都港区南青山 5-1-10
南青山第一マンションズ 602
TEL 03-6450-5938 FAX 03-6450-5978
E-mail: info@naturalspirit.co.jp
ホームページ http://www.naturalspirit.co.jp/

印刷所／株式会社暁印刷

ISBN978-4-86451-178-0 C0011
落丁・乱丁の場合はお取り替えいたします。
定価はカバーに表示してあります。

●新しい時代の意識をひらく、ナチュラルスピリットの本

瞬間ヒーリングの秘密
QE：純粋な気づきがもたらす驚異の癒し

フランク・キンズロー 著
髙木悠鼓、海野未有 訳

QEヒーリングは、肉体だけでなく、感情的な問題をも癒します。「ゲート・テクニック」「純粋な気づきのテクニック」を収録したCD付き。

定価 本体一七八〇円＋税

クォンタム・リヴィングの秘密
純粋な気づきから生きる

フランク・キンズロー 著
古閑博丈 訳

QEシリーズ第3弾。気づきの力を日常的な問題に使いこなし、人生の質を変容させる実践書。QEを実践する上でのQ&AとQE誕生の物語も掲載。

定価 本体二四〇〇円＋税

ユーフィーリング！
内なるやすらぎと外なる豊かさを創造する技法

フランク・キンズロー 著
古閑博丈 訳

ヒーリングを超えて、望みを実現し、感情・お金・人間関係その他すべての問題解決に応用できる《QE意図》を紹介。

定価 本体一八〇〇円＋税

シータヒーリング

ヴァイアナ・スタイバル 著
シータヒーリング・ジャパン 監修
山形 聖 訳

自身のリンパ腺癌克服体験から、人生のあらゆる面をプラスに転じる画期的プログラムを開発。また、願望実現や未来リーディング法などの手法を多数紹介。

定価 本体二九八〇円＋税

マトリックス・エナジェティクス

リチャード・バートレット 著
小川昭子 訳

量子的次元とつながる次世代のエネルギー・ヒーリング法！「ツーポイント」「タイムトラベル」の手法で、たくさんの人たちが、簡単に「変容」できています。

定価 本体一八〇〇円＋税

とんでもなく全開になればすべてはうまくいく

トーシャ・シルバー 著
釘宮律子 訳

宇宙（神）を信頼して、とんでもなく全開に生きる生き方を、ユーモアいっぱいにショートエッセイとしてまとめた本。直感で開いたページに答えが見つかるかも。

定価 本体一六〇〇円＋税

あなたという習慣を断つ
脳科学が教える新しい自分になる方法

ジョー・ディスペンザ 著
東川恭子 訳

あなたであることの習慣を破り、意識を完全に変えると、あなたの人生は変わります！最新の脳科学で人生を変える！ノウハウ満載、最新の瞑想法！

定価 本体二二〇〇円＋税